Gina Wolters/Birgit Stobbe

Bestimmungsbuch Pilze

Die Pilze unserer Heimat mit Fotos sicher bestimmen
Die besten Pilzrezepte

Südwest

Kulinarische Vielfalt aus den Wäldern vor unserer Haustür: Speisepilze.

Inhalt

Nach dem Spaziergang wird geschlemmt: beispielsweise ein Pilzomelett.

Goldene Regeln des Pilzesammelns

Dieses Buch ist für alle wald- und pilzbegeisterten Menschen geschrieben, die lernen möchten, Pilze zu bestimmen, zu sammeln und zuzubereiten. Es gibt aber auch Fortgeschrittenen Anregungen und Informationen über Wissenswertes und Interessantes aus dem Reich der Pilze.

Durch die stete Umweltbelastung haben sich auch in den Wäldern die Lebensbedingungen für manche Pilzarten teilweise erheblich verschlechtert. Da heißt es, verantwortungsbewusst zu sammeln und nur das zu nehmen, was man braucht.

Sammeln mit Köpfchen

Pilze sammeln heißt nicht zuletzt, die Natur zu respektieren, ihre Gesetze anzuerkennen, sorgsam mit ihren Gaben umzugehen und keinen Raubbau mit ihr zu treiben. Wenn Sie die folgenden goldenen Regeln beachten, dürfte das Pilzesammeln schon bald – wenn es nicht ohnehin schon zu Ihren regelmäßigen Freizeitbeschäftigungen gehört – eine lieb gewordene Gewohnheit für Sie sein.

- **Gezielt sammeln:** Sammeln Sie nur die Pilze, die Sie tatsächlich verwerten können oder haltbar machen möchten, alle anderen sollten Sie im Wald lassen. Sehr junge oder ganz alte sowie vermadete, verwässerte, vertrocknete oder angeschimmelte Exemplare bleiben stehen. Arten, die unter Schutz oder im Schutzgebiet stehen, sehr selten vorkommen oder in der Küche sehr unergiebig sind, lässt man ebenfalls an ihrem Standort.
- **Verantwortlich sammeln:** Zerstören Sie giftige und ungenießbare Pilze nicht. Beachten Sie immer die Naturschutzbestimmungen. Hilfreich ist beispielsweise die immer wieder aktualisierte »Rote Liste der gefährdeten Großpilze in Deutschland«.

In Gesellschaft kurzweiliger und sicher: das Pilzesammeln.

Nur Pilze sammeln, die man kennt

Pilze, die Sie zweifelsfrei kennen und verwenden möchten, drehen Sie nicht zum Ganzen heraus, um das darunter liegende Myzelgeflecht (das Myzel ist der eigentliche Pilz) zu schonen. Schneiden Sie sie ganz dicht über dem Waldboden ab. Alle Pilze sind zu Hause noch einmal zu bestimmen. Treten dabei auch nur geringste Zweifel auf, werden die Pilze nicht verwendet.

Pilze nehmen eine wichtige Stellung im Kreislauf der Natur ein. Pilze sammeln bedeutet deshalb auch, sich hinaus zu begeben, sich auf die Natur einzulassen – und die von ihr vorgegebenen Regeln zu respektieren.

Unbekannte Pilze vorsichtig herausdrehen

Erkennen Sie einen Pilz nicht ganz genau, möchten ihn aber vom Fachmann bestimmen lassen, so ist es unbedingt nötig, ihn vorsichtig herauszudrehen. Das Loch, das dabei entsteht, sollten Sie sorgfältig schließen. Schneidet man unbekannte Pilze über dem Erdboden ab, kann es passieren, dass einem bei der Bestimmung notwendige Merkmale wie die Knolle fehlen.

Wo wachsen Pilze?

Generell wachsen unsere Speisepilze im mitteleuropäischen Klimabereich. Sie kommen in Laub-, Nadel- und Mischwäldern, an deren Rändern und auf Wiesen vor. Je nachdem, ob es sich bei den Pilzen um Symbionten – das sind Pilze, die an bestimmte Baumarten gebunden sind und nur mit diesen zusammen existieren können –, um Saprophyten (siehe Seite 14) oder Parasiten (siehe Seite 14) handelt, findet man sie überwiegend unter Bäumen, auf abgestorbenem organischem Material oder an noch lebenden Bäumen. Zu den wichtigsten Baumarten gehören die Fichte (z. B. Steinpilz), die Kiefer (z. B. Kuhröhrling), die Eiche (z. B. Grüner Knollenblätterpilz), die Buche (z. B. Herbsttrompete) und die Birke (z. B. Birkenpilz).

Ungeeignete Sammelplätze

Ungeeignete Sammelplätze sind vor allem Innenstädte, Straßenränder, Parkplätze, Hundeauslaufwege, die Wiesenränder gespritzter Felder, kleine Wälder und Wiesen in der Nähe von Industriegebieten. Selbst der heimische Garten ist, sofern hier überhaupt essbare Pilze wachsen, je nach Gegend nicht empfehlenswert. Auch in Einflugschneisen von Flughäfen sollten keine Pilze gesammelt werden: In diesem Gebiet könnten die Strahlen- und Schadstoffbelastung der Pilze zu hoch sein.

Wann wachsen Pilze?

Pilze gibt es zu jeder Jahreszeit. Für die meisten Sammler kommen jedoch nur die Pilze vom Frühling bis zum Spätherbst infrage, also von April bis November. Der Artenreichtum geht vom Mai-Ritterling (Maipilz) über den Steinpilz, der erst im Spätsommer erscheint, bis zum Perlpilz, der sogar noch an feuchten Novembertagen zu finden ist.

Sammeln Sie keine Pilze an regnerischen Tagen, weil man dann fast nur durchnässte und alte Exemplare findet. Wenige Tage danach, wenn der Boden getrocknet und durch die Sonne wieder erwärmt ist, wachsen Pilze umso besser.

Kündigen den Frühling an: Maipilze.

Pilze transportieren

Pilze werden in luftigen Körben transportiert, da sich das Eiweiß in einer Plastikhülle schnell zersetzt. In einem Leinenbeutel werden die Pilze zu sehr aneinander gedrückt. Für Anfänger ist es ratsam, mehrere Behältnisse (z. B. eine Papiertragetüte) dabei zu haben, um unbekannte, noch nicht bestimmte Funde von den anderen zu trennen. Ein einziger ungenießbarer Pilz, der unter die Speisepilze gerät, kann die komplette Mahlzeit verderben.

Ist der Pilzkorb voll, und Sie möchten noch weitersammeln, können Sie ihn leicht vergrößern: Stecken Sie in den geflochtenen Korbrand senkrecht ringsherum kleine Äste und Zweige hinein – schon haben Sie weiteren Platz für Pilze gewonnen.

Pilze putzen

Pilze sollten schon im Wald vorgeputzt werden. Dabei werden Schleim (etwa beim Butterpilz die schleimige Huthaut) sowie Erde, Nadeln und Blätter entfernt, Schneckenfraßstellen abgeschnitten, der Pilz auf Madengänge hin untersucht (einmal der Länge nach durchschneiden) und sehr vermadete Exemplare im Wald mit der Fruchtschicht nach unten gleich wieder abgesetzt. So vermeidet man die Verschmutzung der schon im Korb befindlichen Pilze. Die unbrauchbaren Pilze sollten im Wald bleiben.

Pilze aufbewahren

Die gesammelten Pilze verarbeitet man möglichst am selben Tag. Will man sie einen Tag lang aufbewahren, legt man sie ungewaschen und locker an einen kühlen, dunklen, luftigen Ort. Dafür eignen sich aber nur festfleischige Arten und madenfreie Exemplare. Weichfleischige Arten müssen sofort verarbeitet werden.
Gegarte Pilzgerichte können in der Regel über Nacht im Kühlschrank aufbewahrt und am nächsten Tag noch einmal aufgewärmt werden.

Verträglichkeit von Pilzen

Fast alle Pilze sind roh schwer verdaulich, unbekömmlich oder giftig. Roh sollte man nur frische Champignons genießen. Es gibt jedoch Menschen, die auch diese Pilze nur gegart vertragen. Ebenso sollten Kinder Champignons nicht roh verzehren. Allergiker und allergieanfällige Kinder sollten Pilzgerichte erst einmal vorsichtig probieren. Zeigt sich keine negative Reaktion, können die getesteten Arten unbedenklich verzehrt werden.

Einige ehemals gute und delikate Speisepilze sind seit der Reaktorkatastrophe in Tschernobyl radioaktiv so hoch belastet, dass man besser auf den Verzehr verzichten sollte. Vor allem Kindern sollten auf keinen Fall höher radioaktiv belastete Pilzmahlzeiten angeboten werden.

Das Paxillus-Syndrom

Diese seltene Sonderform der Allergie ruft den Zerfall der roten Blutkörperchen (Hämolyse) hervor. Sie ist Folge einer Antigen-Antikörper-Reaktion nach (häufigem) Genuss einer Pilzart. Das Paxillus-Syndrom wird durch den Kahlen Krempling hervorgerufen. Es ist jedoch auch bei anderen Arten nicht ausgeschlossen, da die auslösende Substanz noch nicht bekannt ist. Dabei treten Vergiftungsmerkmale in der Regel erst nach wiederholtem, unter Umständen jahrelangem Genuss auf, ohne vorherige Beschwerden.

Folgende Symptome zeigen an, dass es sich möglicherweise um ein Paxillus-Syndrom handeln könnte:

- Erste Anzeichen sind Kollaps, Bauchkoliken, Brechdurchfälle und Rotfärbung des Urins mit Verminderung der Urinproduktion.
- Die Beschwerden treten 15 Minuten bis vier Stunden nach der Mahlzeit auf.
- Anfangs ist meist nur eine leichte Erkrankung festzustellen, die aber mit jeder Mahlzeit der verursachenden Pilzart schwerer wird, weil immer mehr Abwehrstoffe gegen diese Pilzeiweiße gebildet werden. Im schlimmsten Fall kann schon die erste Vergiftung tödlich enden.

Pilze und Alkohol

Es gibt einige Pilzarten, die man nicht gemeinsam mit Alkohol genießen kann, bei einigen wenigen sollte man sogar bis zu zwei Tagen nach dem Verzehr jeden Alkohol meiden, es kommt sonst zur so genannten Antabusreaktion.

Eine Antabusreaktion äußert sich in der Regel wie folgt:
- ***Erste Symptome:*** **Hitzegefühl, Kreislaufbeschwerden, Gesichtsröte, Atemnot, Kollaps**
- ***Latenzzeit:*** **wenige Minuten bis zu 1 Stunde**
- ***Auslösende Pilze:*** **Keulenfußtrichterling, Faltentintling, Netzstieliger Hexenröhrling, eventuell Schopftintling, Grünling.**

Was ist eine Antabusreaktion?

Faltentintlinge, Netzstielige Hexenröhrlinge und Keulenfüßige Trichterlinge lösen bei gleichzeitigem Alkoholgenuss eine heftige Kreislaufreaktion aus, die von Atemnot, Gesichtsröte, Herzklopfen und Herzrhythmusstörungen, Erbrechen und Blutdruckabfall begleitet werden kann. Diese Reaktion des Körpers auf das Pilzgift Coprin wird auch als Antabusreaktion (Coprinus-Syndrom) bezeichnet.

▸ Die Vergiftung verläuft ohne Folgen, wird aber als äußerst unangenehm erlebt. Wird am nächsten Tag wieder Alkohol getrunken, kann sich die Reaktion wiederholen.

▸ Coprin, das vor allem im Faltentintling reichlich enthalten ist, ist eine chemische Substanz, die den Alkoholabbau im menschlichen Körper blockiert. Die zum Teil heftigen Reaktionen werden schon durch winzigste Mengen Alkohol ausgelöst. Bereits ein Medikament, das nur geringe Spuren von Alkohol enthält, kann schwere Kreislaufreaktionen bis hin zum Kollaps verursachen.

▸ Wer Faltentintlinge essen möchte, darf zum Pilzgericht selbst und mindestens zwei bis drei Tage vor und nach dem Pilzgenuss keinen Alkohol trinken. Auch Schopftintlinge und Grünlinge stehen im Verdacht, solche Reaktionen auszulösen.

Gefahr durch radioaktive Verstrahlung?

Seit dem Reaktorunfall von Tschernobyl sind die Böden vor allem in Süddeutschland erheblich mit radioaktivem Cäsium belastet. Manche Pilze reichern dies stark an, so dass alljährlich zur Pilzsaison vor dem Verzehr von Speisepilzen gewarnt wird. Natürliche Radioaktivität gibt es schon immer, und wir sind dieser Strahlung, die teils durch den Zerfall radioaktiver Elemente (z. B. Uran) aus dem Boden, teils aus dem Weltall kommt, überall ausgesetzt. Auch unsere Nahrung enthält natürliche radioaktive Stoffe, vor allem Kalium 40.

Man hat lange geglaubt, dass das radioaktive Cäsium sich in bestimmten Teilen des Pilzes, wie Hut oder Lamellen, konzentrieren würde, so dass man es leicht entfernen könnte. Dies hat sich nicht bestätigt, weshalb es ratsam ist, im Zweifelsfall ganz auf den Verzehr von bestimmten Pilzen zu verzichten.

Weitere Strahlungen

Abgesehen von der natürlichen Radioaktivität gibt es noch weitere Strahlungen, die den Menschen betreffen, so z. B. die Bodenstrahlung, die Höhenstrahlung und die Belastung durch Röntgenstrahlen.

- **Bodenstrahlung:** Sie ist seit Tschernobyl besonders in Süddeutschland gebietsweise sehr stark erhöht. Sie ist dabei nicht gleichmäßig verteilt, sondern kann kleinräumig stark schwanken. So ist z. B. die radioaktive Belastung in der Regel auf Hügeln niedriger als in Senken oder Tälern, in die das Regenwasser abgeflossen ist.

Schadstoffbelastung kann hoch sein

Einige Pilze haben zudem die Eigenschaft, Schwermetalle wie Kadmium, Blei oder Quecksilber in hohem Maß aufzunehmen. Die Empfehlungen des Bundesgesundheitsministeriums und der WHO in Bezug auf eine mögliche Belastung durch Schwermetalle lautet, nicht öfter als ein- bis zweimal – und dann höchstens 250 Gramm pro Person – in der Woche Waldpilze zu essen.

- **Höhenstrahlung:** Sie ist bis zu einem gewissen Grad natürlich und steigt an, wenn wir uns in höheren Lagen aufhalten; bei Flugreisen ist sie am stärksten.
- **Röntgenstrahlung:** Der mit Abstand stärksten Strahlung setzen wir unseren Körper bei Röntgenuntersuchungen aus. Aus diesem Grund sollten wir uns immer genau merken, wann die letzte erfolgt ist, um einen gewissen zeitlichen Abstand zwischen den einzelnen Untersuchungen zu wahren.

Zu den stärker belasteten Speisepilzen gehören auch Rotfußröhrlinge, Milchlinge, viele Täublinge, Birkenpilze, Butterpilze, Nebelkappen und Graublättrige Schwefelköpfe. Nahezu unbelastet sind Austernseitlinge, Violette Rötelritterlinge, Maipilze, Hallimasch, Perlpilze, Stockschwämmchen, Riesenporlinge, Riesenboviste, Schopftintlinge und Champignons.

Strahlenbelastungen und Pilzverzehr

Bei der Beurteilung möglicher gesundheitlicher Schäden durch den Verzehr radioaktiv belasteter Waldpilze gehen die Meinungen stark auseinander. Nach der verbreiteten Ansicht von Strahlenschutzexperten führt der Verzehr normaler Mengen selbst gesammelter Speisepilze nur zu geringfügig höherer radioaktiver Belastung (die Autorinnen stehen dieser Einschätzung sehr kritisch gegenüber). Da aber jede auch noch so kleine radioaktive Strahlung ein potenzielles Gesundheitsrisiko birgt, sollte man versuchen, sich neben der unvermeidlichen natürlichen oder von Kernkraftwerken stammenden Strahlenbelastung möglichst wenig zusätzlicher Radioaktivität auszusetzen und deshalb höher belastete Lebensmittel meiden.

Stark strahlenbelastete Pilze

Die Anreicherung von radioaktiven Stoffen in Pilzen ist zum einen standortabhängig, zum anderen stark artspezifisch. So gibt es einige Arten, die häufig überproportional belastet sind: Maronenröhrlinge, Reifpilze, Grünlinge, Schnecklinge, Schleierlinge, Grünspanträuschlinge, Lila Lacktrichterlinge, Falsche Pfifferlinge und Rotbraune Milchlinge.

Lebensweise der Pilze

Pilze stehen zwar den Pflanzen sehr nahe, unterscheiden sich aber von diesen in wichtigen Faktoren. So fehlt ihnen Chlorophyll (Blattgrün), und sie sind deshalb nicht in der Lage, Nährstoffe mit Hilfe des Sonnenlichts selbst zu produzieren. Sie sind auf andere Lieferanten organischer Substanzen angewiesen. Pilze haben unterschiedliche Techniken entwickelt, an Nährstoffe zu kommen. Sie leben als Saprophyten, als Parasiten oder als Mykorrhizapilze. Zu den Letzteren gehören viele Speisepilze wie der Steinpilz, der Pfifferling und die Täublinge, aber auch der tödlich giftige Grüne Knollenblätterpilz. Mykorrhizapilze lassen sich nicht züchten.

Eine Symbiose liegt vor, wenn beide Partner einen Vorteil aus dem Zusammenleben ziehen können. Der Pilz steht durch sein Myzel mit den Wurzelenden des Baums in Verbindung, der dadurch eine vergrößerte Wurzeloberfläche erlangt und mehr Wasser aufnehmen kann.

Die Lebensweise der Mykorrhizapilze

Mykorrhiza ist die Bezeichnung der Symbiose eines Pilzes mit einem Baum oder einer anderen Pflanze. Der Pilz erhält vom Baum die Nährstoffe, die er selbst nicht synthetisieren kann, besonders im Herbst, wenn diese zur Speicherung in die Wurzeln geleitet werden.

Beispiel für eine gelungene Symbiose: Baumpilze.

Wie leben Saprophyten?

Viele Pilze verschaffen sich ihre Nährstoffe als Saprophyten. Sie zersetzen totes organisches Material. Zu dieser Gruppe gehören Arten, deren Myzel in den oberen Bodenschichten liegt und dort abgestorbene Pflanzenteile nutzt. Hierzu zählen der Champignon und der Schopftintling. Andere Myzelien befinden sich nur in den oberen Laubschichten wie das des Breitblättrigen Rüblings. Weitere Arten leben als Holzbewohner und erhalten die Nährstoffe durch dessen Zersetzung. Einige Arten haben sich auf Laubholz spezialisiert, wie das Stockschwämmchen und der Grünblättrige Schwefelkopf, andere Arten auf Nadel- und Laubholz wie der Gifthäubling. Manche gedeihen nur auf Nadelholz wie der Graublättrige Schwefelkopf. Einige der saprophytisch lebenden Arten lassen sich mit gutem Erfolg züchten, der bekannteste Pilz darunter ist der Champignon.

Saprophytische Pilze sind die besten Abfallbeseitiger der Welt. Sie zerlegen alle toten organischen Produkte wie Pflanzenteile und Tierkadaver.

Pilze als Parasiten

Als Parasiten werden Lebewesen bezeichnet, die auf oder in einem anderen Lebewesen, dem Wirt, gedeihen und diesen schädigen. Obligate Parasiten können sich nur von lebenden Zellen ernähren. Das gilt bei Pilzen für sehr kleine Arten, wie z. B. den Mehltau. Ein sehr aggressiver Parasit ist der Hallimasch, der auch gesunde Bäume über deren Wurzeln angreift und innerhalb kurzer Zeit zum Absterben bringt. Er entwickelt sein Myzel zwischen Holz und Borke und zerstört damit das Leitungssystem seines Wirts. Die dicken schwarzen Myzelstränge sind zu sehen, wenn die Borke entfernt ist. Der Hallimasch ist auf fast allen Baumarten zu finden, auch auf Obstbäumen. Sehr aggressiv ist auch sein Doppelgänger, der Sparrige Schüppling.

Risiken im Wald

Ein Waldspaziergang auf Wegen birgt normalerweise nur wenige Gefahren. Weicht man aber davon ab, können ungeahnte Schwierigkeiten auftreten. Gerade Pilzsammler verlassen auf der Suche nach Pilzen gern die einmal eingeschlagene Richtung und folgen nur noch den nächsten Pilzvorkommen, die weiter in den Wald führen. Wer seine Augen beim Sammeln nur auf den Boden richtet, verliert leicht die Orientierung. Der Rückweg kann dann sehr mühevoll sein. Vor allem, wenn man sich in unbekannten Gebieten aufhält, ist es sinnvoll, sich markante Punkte, wie beispielsweise eine Abzweigung, hervorstehende Bäume oder Sträucher, zu merken. Auch sollte man es nach Möglichkeit vermeiden, den Rückweg in der Dunkelheit anzutreten. Generell ist eine Wanderkarte empfehlenswert, auch wenn es manchmal lästig erscheint, die eingeschlagene Richtung immer wieder überprüfen zu müssen.

Wer zum ersten Mal Pilze sammelt, sollte sich am besten ortskundigen und pilzerfahrenen Sammlern anschließen. Man verläuft sich nicht und hat mehr Sicherheit bei der Pilzbestimmung.

Das sollten Sie beachten

- Beim tieferen Eindringen in den Wald sollte man auch auf Tierspuren, besonders von Wildschweinen achten, die sich tagsüber im Dickicht aufhalten und sehr angriffslustig sind. Es könnte sonst zu unverhofften, nicht ganz ungefährlichen Begegnungen kommen.
- Das Risiko einer Tollwutinfektion ist relativ gering, da die Viren durch Speichel in offene Wunden übertragen werden. Die Gefahr besteht fast nur im Fall eines Bisses durch infizierte Tiere, die meist auffällig sind, weil sie ihre Scheu verlieren. Sollte es zu einem Biss kommen, ist sofort ein Krankenhaus aufzusuchen, um sich einer Impfung zu unterziehen, ohne die die Infektion tödlich verläuft.

Gefahr durch Zecken

Eine nicht behandelte Borreliose führt oft erst Jahre später zu unspezifischen Krankheitserscheinungen. Während es gegen Borreliose keinen wirksamen Impfstoff gibt, bietet eine Impfung gegen Hirnhautentzündung einen 95-prozentigen Schutz.

Die Zecke lebt als Parasit vorwiegend im Wald und wartet im Gras oder Unterholz, bis ein geeigneter Wirt vorbeikommt. Dann lässt sie sich fallen und bohrt ihre Mundwerkzeuge in die Haut ein. Bleibt eine Zecke unentdeckt, beginnt sie, bis zu dreizehn Tagen lang, Blut zu saugen. Je länger der Saugvorgang dauert, desto höher ist das Risiko einer Infektion. Vor allem zwei Infektionen, die von Zecken übertragen werden, können für Menschen bedrohlich sein.

- **Übertragung von Borreliose** – sie wird durch Bakterien übertragen, mit der etwa jede dritte Zecke infiziert ist. Ringförmige Hautrötungen um die Bissstelle ist das Frühsymptom. Antibiotika sind erfolgreich.
- **Übertragung von Hirnhautentzündung (FSME)** – eine Virusinfektion, wobei die ersten grippeähnlichen Symptome 6 bis 21 Tage nach dem Biss auftreten. 30 Prozent der Infizierten erleiden einen nächsten Krankheitsschub mit Fieber, Sehstörungen, Übelkeit, Lähmungen und dem Ausbruch der Hirnhautentzündung.

Unangenehm und möglicherweise gefährlich: Zeckenbisse drohen bei jedem Waldspaziergang.

Gefahr durch Fuchsbandwurm

Eine direkte Gefahr, die von Pilzen ausgehen kann, ist der der Befall mit dem so genannten Fuchsbandwurm (Echinococcus multilocularis). Da bei den meisten Sprödblättlern eine Geschmacksprobe nötig ist, um die zum Verzehr geeigneten Pilze zu bestimmen, kann es sein, dass man auf diesem Wege in unliebsamen Kontakt mit dem Fuchsbandwurm tritt.

Der Mensch kann sich durch die Aufnahme der mit bloßem Auge nicht sichtbaren Eier infizieren. Sie können an Pilzen oder Beeren haften, die sich in Bodennähe befinden, wohin sie mit dem Kot der Wirte, meist Füchse, aber auch Hunde und Katzen, gelangen. Durch Hunde und Katzen, die sich infizieren oder die Eier im Fell tragen können, steigt das Risiko einer Fuchsbandwurminfektion für den Menschen – bedingt durch den engen Kontakt mit solchen Haustieren – nochmals unkalkulierbar an.

Das Risiko einer Fuchsbandwurminfektion scheint für den Menschen zwar gering zu sein, aber der Befall der Füchse mit dem Parasiten breitet sich aus.

Folgen können tödlich sein

Die Larven befallen die schmerzunempfindliche Leber, so dass sich die Erkrankung meist erst nach Jahren u. a. durch eine Gelbsucht äußert. Wird sie nicht zufällig bei anderen Untersuchungen frühzeitig entdeckt, ist der Verlauf tödlich. Heute liegt die Sterbequote bei zehn Prozent.

Gefahr bei Pilzgerichten?

Die Eier des Fuchsbandwurms lassen sich innerhalb weniger Minuten bei 60 °C abtöten, so dass keine Gefahr von gut erhitzten Gerichten ausgeht. Einfrieren reicht jedoch nicht aus, da die Eier monatelang bei –20 °C überleben und erst bei –80 °C absterben.

Shii-Take-Pilze

Pilze in der Küche

Pilze bereichern unseren Speisezettel. Sie gehören zu den wenigen Köstlichkeiten, die wir in der Natur ernten können, ohne sie vorher gesät zu haben. Dabei steht dem Sammler eine breite Palette essbarer Pilze zur Verfügung, die für jeden Geschmack etwas bietet.

Pilzgerichte machen unseren Speiseplan abwechslungsreicher. Ob wir sie als Suppe, Beilage, Hauptgericht oder Salat zubereiten, sie stehen immer für eine delikate Mahlzeit. Voraussetzung ist allerdings die richtige Zubereitung.

Vielfältige Zubereitungsarten

Pilze schmecken gebraten, geschmort, gedünstet oder gegrillt besser als gekocht. Die durchschnittliche Garzeit beträgt 10 bis 15 Minuten, wobei diese Angabe auch von der Menge der in der Pfanne befindlichen Pilze abhängt. Danach werden Pilze nicht besser, sondern nur schwerer verträglich. Brät man ganze Pilzköpfe in Teig, muss man eine entsprechend längere Bratzeit einkalkulieren, um sicher zu sein, dass die Pilze gegart sind.

Pilze reinigen

Bevor man Pilze in den Kochtopf oder in die Pfanne gibt, müssen sie gut gereinigt werden. Sie sollten jedoch möglichst nicht gewaschen werden, da sie dabei viel Wasser aufnehmen und an Geschmack verlieren können. Mit Zuchtpilzen ist das kein Problem. Aber die selbst gesammelten Pilze sollte man gründlich putzen, da man nicht weiß, von welchen Tieren sie bereits begutachtet wurden. Außerdem horten z. B. Morcheln oder die Krause Glucke viel Sand in ihren Vertiefungen. Haben manche Sorten sehr viel Wasser aufgesogen, kann man sie wie einen Schwamm ausdrücken. Ihre Qualität leidet nicht darunter. Manchen Pilzen wird sowieso die Huthaut abgezogen.

Pilze haben einen festen Platz in jeder Küche verdient.

Inhaltsstoffe – kaum Fett und viel Eiweiß

Frische Pilze sind kalorienarm. Wie die meisten Gemüse enthalten sie relativ viel pflanzliches Eiweiß, kaum Fett, die Kohlenhydratanteile sind gering, ebenso die Energiewerte. Zugleich wirken Pilze wegen ihres angenehmen Aromas appetit- und verdauungsanregend. Weil sie teilweise große Mengen Chitin enthalten – derselbe Stoff, der die Panzer von Insekten hart macht –, sind Pilze jedoch meist schwer verdaulich. Mineralstoff- und Vitaminanteile sind bei den verschiedenen Pilzen in unterschiedlichen Mengen vorhanden. Kalium, Phosphor und Eisen kommen zum Teil reichlich vor, Natrium, Kalzium und Magnesium wenig oder gar nicht. Manche Pilzarten sind reich an Vitamin D und an der Gruppe der B-Vitamine. Die Vitamine A und C kommen dagegen nur höchst selten vor.

Weitere Anwendungen von Pilzen als Heilmittel erwähnt J. Ebbinghaus in seinem 1868 erschienenen Buch »Pilze und Schwämme Deutschlands«. Zur Blutstillung wurden beispielsweise auch die trockenen Hüllen und die Sporenmasse der Boviste verwendet.

Pilze als Heilmittel

Einige Pilzarten werden als Heilmittel eingesetzt. Dabei sind die heute bekanntesten Pilze mit Heilwirkung die Schimmelpilze der Gattung Penicillium, aus denen das Penizillin gewonnen wird. Das früher Hungersnöte und todbringende Mutterkorn wird in der Pharmaindustrie für die Herstellung von Mutterkornalkaloiden verwendet, die in der Geburtshilfe, gegen Gefäßerkrankungen und gegen Migräne eingesetzt werden. Da das Mutterkorn Wehen fördernd ist, benutzte man es in früheren Zeiten auch zur Abtreibung.

Der in Asien seit vielen Jahrhunderten und inzwischen auch in Europa kultivierte Shiitakepilz fördert die Senkung des Cholesterinspiegels und soll auch zur Entgiftung des Körpers beitragen. Als blutdrucksenkend gilt der Violette Rötelritterling.

Tipps für die richtige Zubereitung

Eines sei vorweg gesagt: Welchen Pilz man für einen ausgezeichneten, welchen »nur« für einen guten Speisepilz hält, bestimmen vor allen Dingen der eigene Geschmack und die Art und Weise der Zubereitung.

▶ Salz, Pfeffer, Zitrone und Knoblauch eignen sich sehr gut zum Würzen von Pilzgerichten.

▶ Für Saucen und Ragout bieten sich Brühe, Weißwein oder Rotwein, süße oder saure Sahne an.

▶ Eierspeisen, Rührei oder Omelett sind klassische Beilagen zu gebratenen Pilzen, aber auch Püree oder Puffer und ebenso Knödel sind beliebt.

▶ Gebratene Pilze oder Pilzsaucen schmecken gut zu Spätzle oder Makkaroni, aber auch zu Reis und frischem Baguette.

▶ Aus sehr fein gehackten Pilzen und verschiedenen Zutaten kann man einen Pilzteig oder ein Pilzpüree (oder die französischen Duxelles, siehe Seite 26) herstellen, das sich vielfach weiterverarbeiten lässt: als Füllung für Gemüse, als Pilzbratling, als Pilzklößchen für die Suppe oder einfach als Aufstrich auf geröstetem Brot.

▶ Für alle Speisen eignen sich natürlich auch getrocknete Pilze, die man vor der Verarbeitung mindestens eine halbe Stunde in heißem Wasser einweichen muss. Manche Pilze gewinnen durch den Trocknungsvorgang an Geschmack und Aroma. Das gilt z.B. für Morcheln, Steinpilze und Herbsttrompeten.

▶ Hallimasch oder Nebelkappe werden oft als minderwertige Speisepilze beschrieben, was vor allem auf die individuelle (Un-)Verträglichkeit zurückgeführt werden kann. Ob Maipilz, Hexenei oder Anistrichterling als delikat oder als eher eigenwillig im Geschmack empfunden werden, hängt von der eigenen Einstellung ab.

Es gibt Pilzarten, die besser verwendet sind, wenn man sie sparsam als Würzpilz einsetzt, anstatt eine ganze Portion von ihnen zu braten.

Spezielle Zubereitungsarten

Große, flache Pilzhüte wie bei Parasol, Maipilz, Nebelkappe, Reizker oder Brätling lassen sich hervorragend grillen oder panieren und braten. Tintlinge machen sich gut in der Suppe oder wie Spargel zubereitet.

Pilze im Salat

Roh darf nur der Champignon verwendet werden. Auch der Steinpilz sollte besser nicht ungegart verzehrt werden. Alle Pilze, die gekocht oder gekocht in Essig eingelegt wurden, dürfen natürlich kalt als Pilzsalat oder in gemischten Salaten verwendet werden. Empfehlenswert sind festfleischige Arten, die mindestens zehn Minuten im Ganzen gekocht und anschließend in Scheiben geschnitten werden. Leider sehen die meisten Pilze nach dem Vorkochen nicht mehr besonders appetitlich aus. Das Verfärben der hellen Pilze kann verhindert werden, indem man dem Kochwasser etwas Zitronensaft oder Essig zufügt.

Wer auf bestimmte Speisen oder Stoffe allergisch ist, sollte Pilze, die er noch niemals vorher verzehrt hat, erst einmal in kleinen Mengen genießen. So kann man feststellen, wie der Körper auf diverse Pilzarten reagiert.

Wie viele Pilze soll man verwenden?

Die Menge und Mischung von Pilzen, die in Rezepten angegeben werden, lassen sich bei selbst gesammelten Pilzen nicht genau vorschreiben. Man sollte jedoch die angegebene Menge möglichst nicht überschreiten. Da die Pilze rasch verzehrt werden sollen, muss der eventuell verbleibende Rest konserviert werden.

▶ Pilzarten, die man noch nicht gegessen hat, sollte man zunächst möglichst sparsam gewürzt und in kleineren Portionen probieren, um dem besonderen Pilzgeschmack oder möglichen Unverträglichkeiten nachzuspüren. Zudem ist es ratsam, nur eine neue Art pro Mahlzeit zu versuchen.

Pilze konservieren

Hallimasch und Stockschwämmchen findet man oft in großen Mengen beieinander, Nebelkappen und Anistrichterlinge wachsen in so genannten Hexenringen. Wenn die Bedingungen günstig sind, kann der Ertrag auch bei anderen Arten überreichlich ausfallen. Pilze, die man daher nicht sofort zubereiten, aber trotzdem sammeln möchte, lassen sich auf verschiedene Art haltbar machen.

Von allen Konservierungsmethoden ist die einfachste das Tiefgefrieren. Eingefrorene Pilze halten sich mehrere Monate lang. Industrielle Produkte dieser Art wurden vorbehandelt.

Pilze tiefgefrieren

Bis auf wenige Arten eignen sich alle Pilze zum Tiefgefrieren. Die Ausnahmen sind: Tintlinge, Rötlicher Gallerttrichter (Tremiscus helvelloides), Eispilz (Pseudohydnum gelatinosum), Riesenbovist (Langermannia gigantea). Pfifferlinge und Trompetenpfifferlinge sollte man möglichst nicht einfrieren, sie werden zäh und bitter. Die Exemplare, die man einfrieren will, müssen einwandfrei sein sowie jung, fest und madenfrei.

Leicht Verderbliches haltbar gemacht: Pilze lassen sich auf unterschiedliche Weise konservieren.

Ganze Pilze oder grobe Stücke einfrieren

Die Pilze werden geputzt, gereinigt, wenn nötig gewaschen und vorsichtig trockengetupft. Dann können Sie sie im Ganzen oder in groben Stücken einfrieren. Das sollte möglichst noch am Sammeltag geschehen, damit die Pilze ganz frisch sind.

Pfifferlinge eignen sich nicht zum Trocken, da sie sonst zäh werden. Auch solche Pilze, die von Regentagen viel Feuchtigkeit aufgenommen haben, lassen sich nicht trocknen. Dies gilt auch für leicht verderbliche Arten wie Boviste oder Tintlinge.

- Blanchiert man die Pilze, so spart man Platz, muss aber Qualitätsverluste hinnehmen, da bei diesem Vorgang ein guter Teil des Aromas verloren geht.
- Geschmacklich am besten ist es, die Pilze geschmort und gewürzt tiefzufrieren.
- Tiefgefrorene Pilze können bis zu sechs Monate und länger aufbewahrt werden. Bei Gebrauch nicht auftauen, sondern gefroren in die Pfanne oder einen Topf geben.
- Aufgetaute Pilze dürfen, wie alle anderen Lebensmittel auch, nicht noch einmal tiefgefroren werden.

Pilze trocknen

Die älteste Methode, um Pilze haltbar zu machen, ist das Trocknen. Dazu sind hervorragend Steinpilze, Rotfüßchen, Stockschwämmchen, Herbsttrompeten, Morcheln, Morchelbecherlinge, Trompetenpfifferlinge oder Gelbe Kraterellen geeignet. Bei Steinpilzen, Morcheln und Herbsttrompeten bewirkt der Trockenvorgang eine Steigerung des Aromas.

- Generell gut geeignet sind alle essbaren Röhrlinge, Trichterlinge, Ritterlinge, Schirmlinge, Champignons und Hallimasch.
- Völlig ungeeignet sind hingegen Täublinge, Boviste, Milchlinge, Tintlinge, Pfifferlinge, Mairitterling und Märzschneckling. Auch andere weichfleischige Arten eignen sich nicht zum Trocknen.

Vor dem Trocknen nicht waschen

Zum Trocknen werden die Pilze zunächst geputzt und gereinigt. Sie dürfen nicht gewaschen werden, da sich gewässerte Pilze (auch durch Regen) nicht mehr trocknen lassen.

▸ Die kleinen Pilzhüte der Stockschwämmchen oder des Graublättrigen Schwefelkopfs legt man im Ganzen zum Trocknen aus, größere Pilze werden der Länge nach in etwa drei Millimeter dicke Scheiben geschnitten, auf Pergament- oder Packpapier ausgelegt und an einem warmen und luftigen Ort getrocknet. Kleine Mengen lassen sich sehr gut auf der Heizung trocknen.

▸ Für größere Mengen eignet sich auch der Backofen. Nur darf die Temperatur 60 °C nie übersteigen, und die Backofentür muss dabei geöffnet bleiben, damit genügend Luft an die Pilze kommt; Luft ist schließlich das Wichtigste beim Trocknungsvorgang. Wenn die Pilze schwitzen, verderben sie.

▸ Man kann die Pilzscheiben aber auch auf eine Schnur fädeln und an einem warmen, luftigen Ort am besten frei schwebend aufhängen. Die Pilze müssen sich, wenn sie trocken sind, wie Papier anfühlen oder so hart werden, bis sie splittern und leise krachen, wenn man sie bricht.

▸ Vor der Verwendung müssen sie allerdings mindestens eine halbe Stunde in heißem Wasser eingeweicht werden, in kaltem Wasser bis zu zwei Stunden.

Pilzpulver zum Würzen kann man aus allen getrockneten Pilzen herstellen, auch aus den zähen Stielen. In Gläsern mit Schraubdeckeln an einem dunklen Ort gelagert, halten sich Pulver und Trockenpilze mindestens ein halbes Jahr.

Pilzextrakt selbst herstellen

Nach Regentagen gesammelte Pilze sind oft wässrig. In diesem Fall, oder wenn sich Ihre Pilze nicht zum Tieffrieren oder Trocknen eignen, können Sie Pilzextrakt zubereiten, der eine hervorragende Würze für Gerichte aller Art ist. Die geputzten, gewaschenen und grob zerkleinerten Pilze werden ohne Wasser bei mittlerer Temperatur zum Kochen aufgesetzt. Sie müssen 20 Minuten ziehen. Danach werden sie in ein Tuch gegossen und ausgedrückt. Den aufgefangenen Saft sirupdick einkochen und gut mit Salz würzen. In einem Schraubdeckelglas hält sich der Extrakt jahrelang.

Das Grundrezept für eingelegte Pilze lässt sich vielfach variieren. Für eine süßsaure Marinade nehmen Sie Kräuteressig, 100 Gramm Zucker, Gewürznelken und 1 kleine Zwiebel. Für einen Kräutersud verwenden Sie Weißweinessig und je 1 Teil Rosmarin, Bohnenkraut, Basilikum und Estragon. Dazu 2 Lorbeerblätter, 50 Gramm Zucker und 1 kleine Zwiebel.

Duxelles – als Füllungen und Brotaufstrich

Die Duxelles entstammen der französischen Küche und werden normalerweise mit Champignons gemacht. Sie lassen sich aber auch aus anderen Pilzen und weiteren Zutaten (Tomatenmark, Sahne und Petersilie) herstellen und eignen sich als Aufstrich für Brot und als Füllung für Fisch und Gemüse. Sie benötigen für das Grundrezept 300 Gramm Champignons, 2 kleine Schalotten (100 Gramm), 50 Gramm Butter, Salz und Pfeffer. Champignons und Schalotten äußerst fein hacken. Die Schalotten in der Butter glasig dünsten. Die Champignons zufügen und dünsten, bis keine Flüssigkeit mehr vorhanden ist. Mit Salz und Pfeffer abschmecken.

Pilze in Essig einlegen

Sie brauchen für unser Grundrezept 1 Kilogramm kleine, feste Pilze (Sie können wahlweise auch klein geschnittene Pilze, Mischpilze oder Pilze einer Art nehmen), dazu 5 Esslöffel Salz, 1/4 Liter Essig (Weißwein-, Kräuter- oder Rotweinessig) und etwas Olivenöl. Pilze in Salzwasser 5 Minuten kochen, Kochwasser abgießen oder einen Teil des Suds aufheben für die Essig-Pilz-Mischung.

▸ 1 1/2 Liter Wasser mit dem Essig aufkochen und über die in Gläser gefüllten Pilze gießen. Nach dem Erkalten mit einer Schicht Öl abdecken. Die Pilze müssen mindestens 14 Tage durchziehen.

Knollenblätterpilze – die große Gefahr

In Mitteleuropa verursachen der Grüne und der Kegelhütige Knollenblätterpilz 95 Prozent aller tödlichen Vergiftungen mit Pilzen. Sammler sollten sich die Merkmale dieser Pilzarten gut einprägen.
Die wichtigsten Kennzeichen sind:

- Lamellen immer frei und weiß
- Sporenfarbe weiß
- Stielbasis mit Knolle und Scheide
- Jung in Hülle eingeschlossen
- Stiel mit Ring (kann auch fehlen)
- Hutfarbe variabel grün, bräunlich, weiß

Bei Mischgerichten ist eine Vergiftung mit dem Knollenblätterpilz nicht auszuschließen, auch wenn die Symptome früher auftreten. Weitere Pilze, die das Phalloides-Syndrom verursachen, sind der Gifthäubling sowie kleine Giftschirmlinge.

Das Phalloides-Syndrom

Knollenblätterpilze verursachen das Phalloides-Syndrom, das hauptsächlich durch Lebergifte (Amatoxine) ausgelöst wird. Die Latenzzeit beträgt bei Erwachsenen vier bis zwölf, selten bis 24 Stunden, meist aber zehn bis elf Stunden, bei Kindern oft nur zwei Stunden. Für die tödliche Vergiftung eines Erwachsenen sind 50 Gramm (das entspricht einem mittelgroßen Fruchtkörper) ausreichend, für Kinder fünf bis zehn Gramm. Amatoxine wirken tödlich für Erwachsene bei 0,1 Milligramm pro Kilogramm Körpergewicht; für Kinder bei 0,05 Milligramm. Die Sterblichkeitsquote bei Erwachsenen liegt bei 25 Prozent, bei Kindern unter zehn Jahren bei 50 Prozent. Als erste Symptome treten Brechdurchfälle auf, die nach langer Latenzzeit allerdings ebenso typisch für Pilzindigestion (Verdauungsstörungen) und das Gyromitrin-Syndrom sein können. Diese erste Phase dauert zwei bis vier Tage und führt zu großen Wasserverlusten bis hin zum Schock. Danach folgt Leberversagen –, der Tod tritt nach vier bis sieben Tagen ein.

Pilzvergiftungen – echte und unechte

Man unterscheidet zwischen echten und unechten Pilzvergiftungen. Echte Pilzvergiftungen werden durch giftig wirkende Stoffe, die in manchen Arten vorhanden sind, ausgelöst. Sollten Sie nur die geringsten Vergiftungsanzeichen bei sich oder anderen bemerken, dürfen Sie nicht zögern, sofort zu einem Arzt zu gehen. Als unechte Pilzvergiftungen kann man individuelle Unverträglichkeiten bezeichnen, die in ihrer Auswirkung ebenfalls höchst leidvoll, wenn auch selten lebensgefährlich sind.

Symptome und Syndrome

Die Latenzzeit und die ersten Symptome geben bereits erste Hinweise auf die mögliche Vergiftungsursache. Die unterschiedlichen Vergiftungserscheinungen werden nach ihren auslösenden Giften, den Erkrankungssymptomen und den Pilzarten in Gruppen eingeteilt und meist nach dem bekanntesten Pilz dieser Gruppe mit seinem botanischen Namen benannt. Neben dem bereits erwähnten tödlich verlaufenden Phalloides-Syndrom (Seite 27), dem unter Umständen ebenfalls tödlich verlaufenden Paxillus-Syndrom (Seite 9) und dem Coprinus-Syndrom (Antabusreaktion, Seite 10) können weitere Syndrome durch den Verzehr von giftigen Pilzen verursacht werden:

- **Gyromitrin-Syndrom** (tödlich): Brechdurchfälle und Gelbsucht sind die ersten Symptome; die Latenzzeit beträgt 6 bis 24 Stunden.
Pilze: Frühjahrslorchel (Gyromitra esculenta)
- **Orellanus-Syndrom** (tödlich): Durst, Nierenschmerzen und eine verringerte Urinproduktion sind die ersten Symptome; die Latenzzeit beträgt in der Regel einige Tage bis zu drei Wochen, selten nur einige Stunden.
Pilze: Orangefuchsiger Hautkopf (Cotinarius orellanus), Spitzbuckliger Orangenschleierling (Cortinarius rubellus)
- **Muscarin-Syndrom** (schwere Vergiftungen; unter Umständen tödlich): Schweißausbrüche und Brechdurchfälle sind die ersten Symptome; die Latenzzeit beträgt einige Minuten bis zu zwei Stunden.
Pilze: Risspilze, weiße Trichterlinge
- **Pantherina-Syndrom** (unter Umständen tödlich): Gehstörungen, Rausch-

zustände und schwere Vergiftungserscheinungen gehören zu den ersten Symptomen; die Latenzzeit beträgt 15 Minuten bis zu drei Stunden.
Pilze: Pantherpilz, Narzissengelber Wulstling

- **Fliegenpilz-Syndrom** (selten unbeabsichtigt auftretend): Schläfrigkeit, Geh- und Koordinationsstörungen, sowie Rauschzustände sind die ersten Symptome; die Latenzzeit beträgt 15 Minuten bis drei Stunden (Dauer 10 bis 15 Stunden).
Pilz: Fliegenpilz
- **Psilocybin-Syndrom** (sehr selten unbeabsichtigt auftretend): Benommenheit, Schwindel, Rauschzustände und Halluzinationen sind die ersten Symptome; die Latenzzeit beträgt 15 Minuten bis zu 2 Stunden (Dauer einige Stunden).
Pilze: Kahlköpfe, Düngerlinge; der Giftgehalt der europäischen Arten ist relativ gering
- **Gastrointestinale Pilzintoxikation** (für Kinder unter Umständen tödlich): Brechdurchfälle sind die ersten Symptome; die Latenzzeit beträgt 15 Minuten bis zu vier Stunden, selten bis acht Stunden (Dauer bis zu zwei Tagen).
Pilze: Karbolchampignon, Riesenrötling, Tigerritterling, scharfe/bittere Milchlinge, scharfe/bittere Täublingen, Ölbaumtrichterlinge

Gastrointestinale Vergiftung

Die Gruppe der gastrointestinalen Pilzintoxikation macht 20 bis 40 Prozent aller Pilzvergiftungen aus.
Durch Erhitzen können die meist unbekannten Gifte nicht zerstört werden. Der Verlauf ist letztlich jedoch meist harmlos und dauert etwa ein bis zwei Tage.
Besonders massiv treten die Erkrankungen nach dem Genuss von Milchlingen auf. Da es bei dieser Art von Vergiftung zu einem hohem Wasserverlust kommt, müssen dem Erkrankten ausreichend Flüssigkeit und Salze zugeführt werden.

Unechte Pilzvergiftungen

Neben einer Allergie auf bestimmte Pilzarten oder individuellen Unverträglichkeiten können Rohgenuss, der Verzehr von verdorbenen Pilzen (Lebensmittelvergiftung!) oder eine unzureichende Zubereitung eine unechte Pilzvergiftung hervorrufen.
In diesem Sinn ist auch von einem übermäßigen Verzehr abzuraten, weil Pilze im Allgemeinen schwer verdaulich sind. Zu den ersten Symptomen gehören Völlegefühl, Blähungen, Brechdurchfälle und Angstzustände. Die Latenzzeit ist sehr unterschiedlich und reicht von wenigen Minuten bis zu einigen Stunden.

Artbeschreibung

Eine genaue Beschreibung der einzelnen Pilze ist das A und O eines hilfreichen Pilzerkennungsbuchs. Gehen Sie nicht leichtfertig über die beschriebenen Merkmale hinweg: Im schlimmsten Fall könnte es tödliche Folgen für Sie haben!

Die Fruchtkörper der meisten Pilze sind in Hut und Stiel gegliedert, die die charakteristische Pilzform ausmachen. Für eine Bestimmung des jeweiligen Pilzes ist es von großer Bedeutung, auf die Formen dieser beiden Teile des Fruchtkörpers genau zu achten.

Merkmale zur Artbestimmung

Eine genaue Untersuchung folgender Merkmale ist unerlässlich, um essbare von giftigen Pilzen zu trennen:

- **Hutoberseite:** Das ist meist das Erste, was man von einem Pilz entdeckt; Farbe, Struktur der Huthaut, Form und Größe sind je nach Art unterschiedlich.
- **Hutunterseite:** Sie wird sichtbar, wenn man den Fruchtkörper umdreht oder mit einem Spiegel darunter schaut. Die Fruchtschicht ist je nach Art unterschiedlich ausgeprägt.
- **Sporenfarbe:** Sie ist eventuell erkennbar, wenn die Hüte dachziegelig übereinander sitzen, sonst erst nach einem Sporenabdruck.
- **Stiel:** Die Spitze ist der Teil direkt unter dem Hut, die Basis mit ihren Merkmalen ist oft im Substrat verborgen; der Stiel kann dick oder dünn sein, brüchig oder längsfaserig, mit oder ohne Ring.
- **Fleisch:** Das Fruchtfleisch ist unterschiedlich in Farbe und Konsistenz, im Hut dick oder dünn, im Stiel faserig oder brüchig.
- **Geruch:** Der Duft eines Pilzes lässt sich oft nur bei frischen Fruchtkörpern am Standort feststellen.
- **Geschmack:** Er bezieht sich auf den rohen Fruchtkörper (Vorsicht bei Kostproben!).

Vor dem Genuss lieber zweimal hinschauen: Pilzbestimmung ist für den Anfänger kein leichtes Geschäft.

Fruchtkörper (Pilze) wachsen – je nach Vorlieben – an den unterschiedlichsten Orten: in der Nähe von Bäumen, im Holz, auf Wiesen oder auf Waldböden.

Die Merkmale der Fruchtkörper

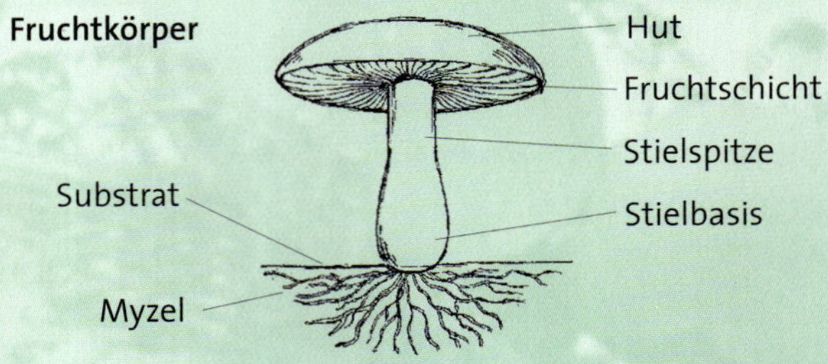

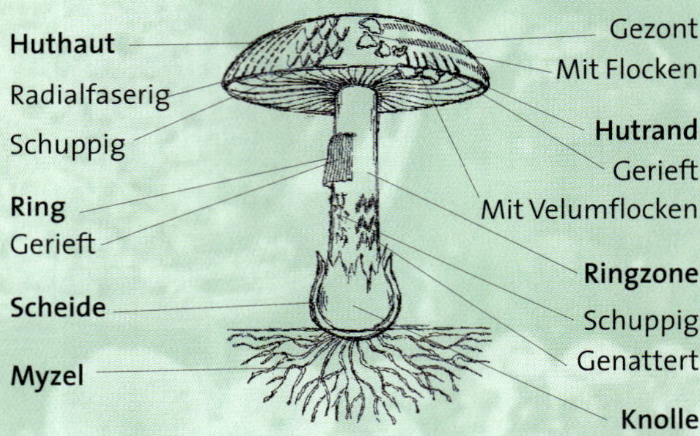

Entstehung von Ring (Manschette) und Ringzone

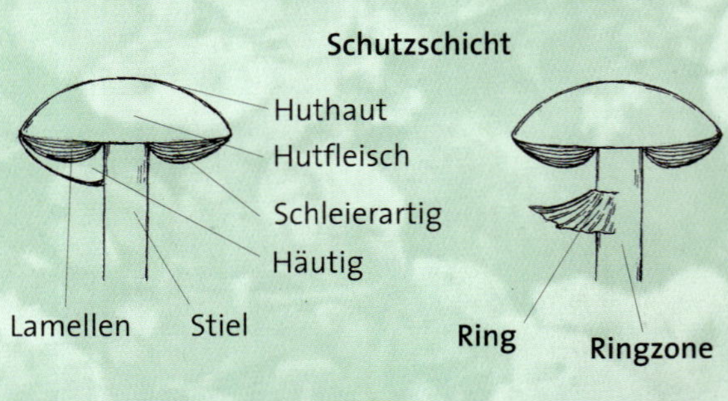

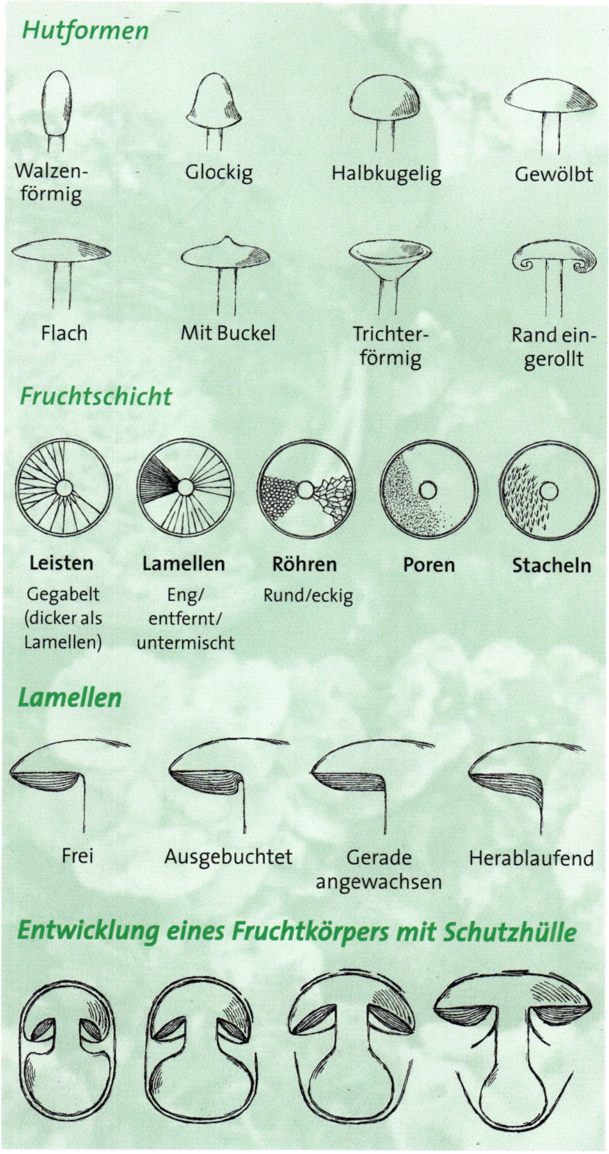

Der genaue Bau des Fruchtkörpers, beispielsweise der Hutformen und -unterseiten, ist ein zentrales Bestimmungsmerkmal und für eine Unterscheidung, ob ein Pilz giftig oder essbar ist, ganz entscheidend.

Bestimmung der Pilze

Bestimmung bedeutet, eine Art aufgrund ihrer Merkmale eindeutig einem Namen und einer Beschreibung zuzuordnen.
Die exakte Bestimmung der ca. 4000 mitteleuropäischen Großpilzarten ist in vielen Fällen nur durch Experten möglich, da hierzu ein Mikroskop und oft auch Chemikalien benötigt werden.

Auf keinen Fall darf bei der Bestimmung eine Art gewählt werden, bei der die Merkmale so »ungefähr« passen – es besteht Vergiftungsgefahr! Im Zweifelsfall sollte man immer einen Experten fragen oder zur Pilzberatung gehen.

Welche Art ist das?

Die Namen der häufigsten Arten lassen sich aber meist auch von Pilzesammlern herausfinden. Bei einigen Pilzen, wie den Birkenpilzen, ist die Artbestimmung für Speisezwecke nicht nötig, da alle essbar sind und es somit reicht zu wissen, dass es sich um einen Pilz der Gattung Birkenpilze handelt. Ganz anders verhält es sich beispielsweise bei der Gattung der Schwefelköpfe: Der Graublättrige Schwefelkopf ist ein Speisepilz, sein naher Verwandter, der Grünblättrige Schwefelkopf, ist dagegen giftig.

Nehmen Sie jeden Pilz genauestens unter die Lupe, bevor er in Ihren Korb kommt.

Regeln für die Bestimmung

Es ist von höchster Wichtigkeit, die folgenden Regeln für die Bestimmung zu befolgen – es besteht Vergiftungsgefahr, wenn man nicht sorgfältig Punkt für Punkt durchgeht. Sollten Sie bei der Bestimmung einer Pilzart unsicher sein, fragen Sie einen Experten, oder gehen Sie zur Pilzberatung. Wenn dies nicht möglich ist, verzichten Sie im Zweifelsfall auf die betroffene Pilzart.

- Kleine braune Pilze mit braunen Lamellen und kleine weiße Trichterlinge verbleiben am Standort, sie sind in der Regel für Laien nicht bestimmbar und sowieso nicht essbar.
- Zwei bis drei vollständige Exemplare unterschiedlichen Alters mitnehmen (Löcher im Boden wieder gut verschließen).
- Keine weiteren Fruchtkörper in der Hoffnung, sie seien vielleicht essbar, mitnehmen.
- In der Nähe stehende Bäume notieren.
- Feststellen, ob der Fruchtkörper auf dem Boden oder auf Holz wächst.
- Geruch notieren.
- Sporenabdruck anfertigen. Er ist das wichtigste Indiz für die einwandfreie Bestimmung. Die einzelnen Sporen sind sehr klein und mit bloßem Auge nicht sichtbar. Unter dem Mikroskop sind die Unterschiede aber je nach Pilzart in Größe, Form und Oberflächenstruktur zu erkennen.
- Alle im Text beschriebenen Merkmale müssen mit denen des Fruchtkörpers übereinstimmen.
- Möglichst bei Tageslicht arbeiten, da künstliches Licht die Farben verfälscht.
- Bestimmung nur nach Bildern ist nicht möglich, da Farbe und Form sehr variabel sind.

Die Sporen, die der Vermehrung der Pilze dienen, sind winzig klein und nur unter dem Mikroskop zu erkennen. Sie werden vom Pilz in ungeheuren Mengen produziert. Die Sporen eines Riesenbovists würden, wie eine Kette aneinander gereiht, eineinhalbmal um den Erdball reichen.

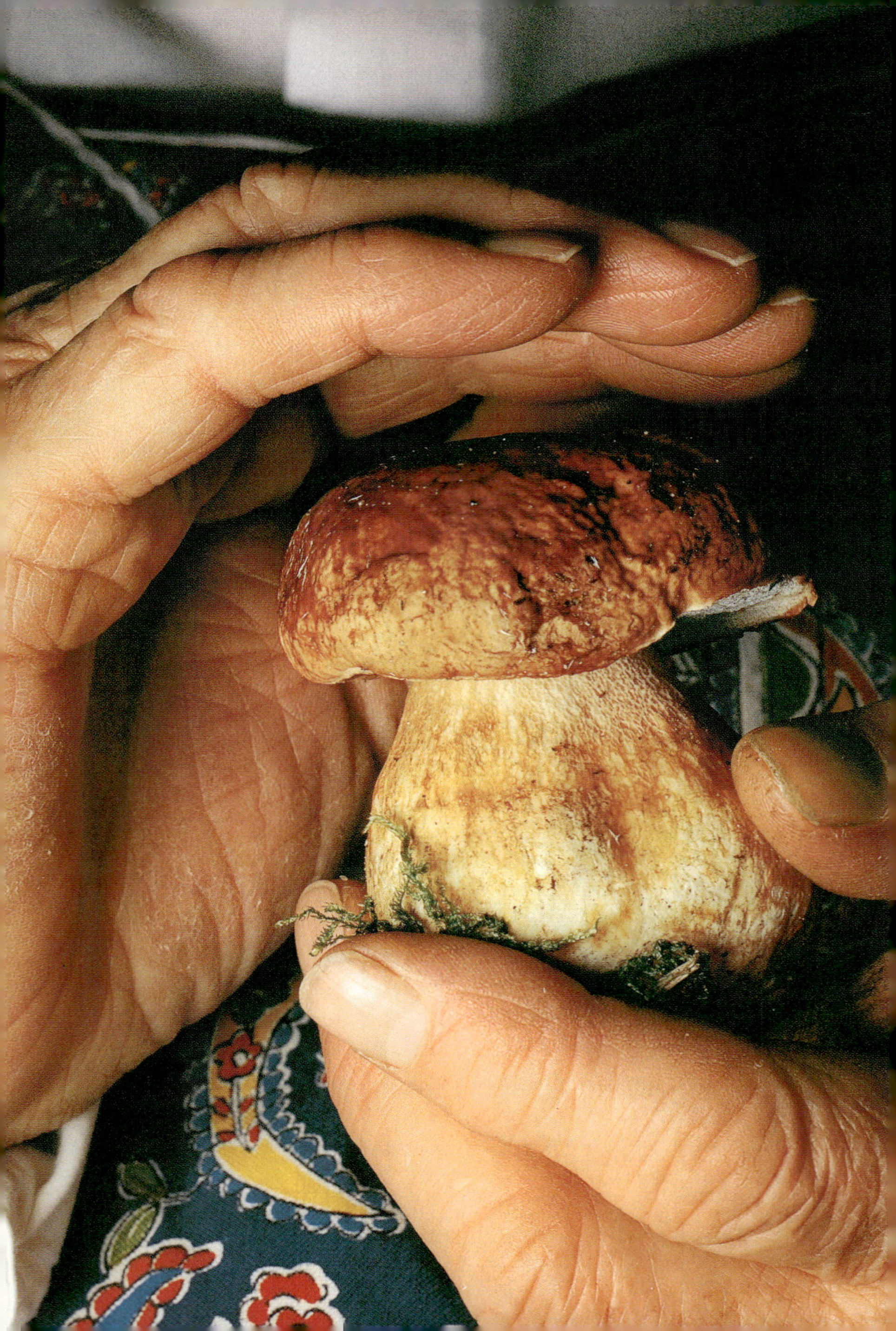

Pilze – Beschreibung und Vorkommen

Aus den etwa 4000 allein in Mitteleuropa existierenden Großpilzarten sind für dieses Buch 76 Arten ausgewählt, die entweder häufig vorkommen oder gut zu bestimmen sind, entweder sehr schmackhaft sind oder mit solchen Exemplaren verwechselt werden können.

Vielfalt der Arten

Die Pilze auf den folgenden Seiten sind nicht alphabetisch, sondern nach ihrer Zugehörigkeit zu bestimmten Arten aufgeführt. Damit Sie essbare von giftigen Exemplaren leicht unterscheiden können, wurde zudem darauf geachtet, dass sich leicht zu verwechselnde Arten auf einer Doppelseite gegenüberstehen.

Zusätzliche Kriterien

Der Artbeschreibung sind die folgenden Stichpunkte hinzugefügt:

- **Vorkommen:** Fruchtkörper wachsen zu bestimmten Zeiten an unterschiedlichen Standorten (Holz, Erde, unter Baumarten).
- **Bemerkungen:** Hier finden Giftwirkung, Schutz oder andere Besonderheiten ihre Erwähnung.
- **Verwechslungen:** Pilze mit ähnlichem Aussehen werden hier gegebenenfalls mit Seitenverweis aufgeführt.
- **Wert:** Diese Beurteilung bezieht sich auf die Verwendungsmöglichkeiten als Speisepilz oder auf die Gefahren des Gifts und seine möglichen Auswirkungen auf den menschlichen Organismus.

Die Symbole und was sie bedeuten:

Speisepilz

Essbarer Pilz

Ungenießbarer Pilz oder Hinweis auf radioaktive Belastung

Giftiger Pilz

Pilze sammeln: Zuerst sollten Sie sich das nötige Know-how aneignen.

Jung ist der Riesenporling ein Genuss.

Riesenporling

Meripilus giganteus

Sonstige deutsche Namen: keine

Hutoberseite: braungelb gezont mit hellgelbem Rand; samtig bis schuppig; Einzelhüte jung zungen-, später fächerförmig; bis 30 Zentimeter breit; Sammelfruchtkörper aus dachziegelig überlappenden Hüten mit gemeinsamem Strunk zusammengesetzt, bis einen Meter breit.

Hutunterseite: Poren; blass gelblich, auf Druck schwärzend.

Sporenfarbe: weiß.

Stiel: gelblich; seitlich am Hut ansetzend; an der Basis sich mit anderen Stielen zum Strunk vereinigend.

Fleisch: weiß; auf Druck und im Anschnitt schwärzend; jung weich, saftig; alt schwarz, lederartig.

Geruch – Geschmack: aromatisch – säuerlich.

Vorkommen: Juli bis Oktober; an Laubholz, besonders an Buchen; einjährig; Saprophyt und Schwächeparasit.

Bemerkungen: Essbarkeit umstritten (nach eigener Erfahrung jung essbar).

Verwechslungen: Klapperschwamm (Seite 39), Bergporling (scharf).

Wert: im Alter zäh und bitter; nur jung essbar, aber nicht allen bekömmlich; Konsistenz wie (Kalb-)Fleisch.

Jung essbar

Riesenporling und Bergporling

Es empfiehlt sich, vom Riesenporling nur die jungen Exemplare zu sammeln. Diese sollten gut gekocht oder geschmort werden. Der Bergporling (Bondarzewia mesenterica) ähnelt dem Riesenporling, schmeckt jedoch scharf.

Klapperschwamm

Grifola frondosa

Sonstige deutsche Namen: Laubporling

Hutoberseite: graubraun, faserig mit radialen Streifen; Hüte muschel- bis fächerförmig, bis acht Zentimeter breit; Sammelfruchtkörper aus vielen dachziegelig sitzenden Einzelhüten mit gemeinsamem Strunk, bis 50 Zentimeter breit.

Hutunterseite: Poren; weißlich; an Stiel herablaufend.

Sporenfarbe: weiß.

Stiel: weißlich grau; seitlich am Hut ansitzend; an der Basis zum Strunk vereinigend.

Fleisch: weiß; nicht verfärbend; jung elastisch, alt zäh.

Geruch – Geschmack: unbedeutend – leicht säuerlich.

Vorkommen: August bis Oktober; Schwächeparasit und Saprophyt an Eichen.

Bemerkungen: Der Klapperschwamm sollte wegen seiner Seltenheit unbedingt geschont werden (Rote Liste der Deutschen Gesellschaft für Mykologie und dem Naturschutzbund Deutschland e. V.).

Verwechslungen: Riesenporling (Seite 38).

Wert: jung essbar; wenig schmackhaft; selten.

Verschonen Sie den Klapperschwamm besser – denn so viele gibt es nicht mehr von ihm.

Jung essbar, aber schonenswert

Klapperschwamm und Eichhase

Der Klapperschwamm hat neben dem Riesenporling auch Ähnlichkeit mit dem Eichhasen (Polyporus umbellatus). Dieser Pilz wächst als Saprophyt um Strünke von Laubbäumen und ist ebenfalls essbar.
Ähnlichkeit hat der Klapperschwamm auch mit dem schwärzenden Bergporling, der allerdings unangenehm scharf schmeckt.

Der Steinpilz – beliebt und delikat.

Steinpilz

Boletus edulis

Sonstige deutsche Namen: Fichtensteinpilz, Herrenpilz, Edelpilz, Steinkopf, Braunkopp

Hutoberseite: hellbraun bis schokoladenbraun; glatt bis runzlig; feucht, schmierig; jung halbkugelig, später gewölbt; bis 25 Zentimeter breit.

Hutunterseite: Röhren; Mündungen rundlich, klein; jung weiß, später gelblich bis grünlich.

Sporenfarbe: oliv-bräunlich.

Stiel: Grundfarbe bräunlich, mit hellem Netz an der Stielspitze; jung bauchig, alt zylindrisch.

Fleisch: weiß, nicht verfärbend.

Geruch – Geschmack: aromatisch – mild, nussartig.

Vorkommen: Juli bis Oktober; Laub- und Nadelwald, an Waldrändern und Lichtungen; Mykorrhizapilz besonders von Fichte.

Bemerkungen: steht seit 1986 in Deutschland unter eingeschränktem Naturschutz und darf somit nur für den Eigenbedarf gesammelt werden.

Verwechslungen: Gallenröhrling (Seite 41), Maronenröhrling (Seite 44), Röhrlinge mit roten Röhrenmündungen.

Wert: Steinpilz für alle Zubereitungsarten, zum Trocknen geeignet; nicht zum rohen Verzehr geeignet.

Sehr guter Speisepilz, teilgeschützt

Weitere Steinpilze

Außer dem Fichtensteinpilz gibt es noch andere Arten, z. B. den Sommersteinpilz, der unter Laubbäumen wächst, oder den Kiefernsteinpilz.

Gallenröhrling

Aufgepasst beim Gallenröhrling – trotz seiner Ähnlichkeit zum Steinpilz ist er völlig ungenießbar.

Tylopilus felleus
Sonstige deutsche Namen: Bitterling, Giftling, Rosspilz

Hutoberseite: hellbraun, zimtfarben; matt, feinfilzig; jung halbkugelig, später gewölbt; bis 15 Zentimeter breit.
Hutunterseite: Röhren; Mündungen rundlich; jung weiß, später rosa; auf Druck bräunend.
Sporenfarbe: rosa-bräunlich.
Stiel: Grundfarbe heller als beim Steinpilz, braun mit grobem dunklem Netz; zylindrisch, auch keulenförmig.
Fleisch: weiß, nicht verfärbend.
Geruch – Geschmack: pilzartig – sehr bitter.
Vorkommen: Juli bis Oktober; auf kalkarmem bis saurem Boden; meist im Nadelwald; Mykorrhizapilz von Fichte und Kiefer.
Bemerkungen: Der bittere Geschmack ist an einem frischen Anschnitt zu spüren, sofern man Bitterstoffe schmecken kann.
Verwechslungen: Steinpilz (Seite 40), Maronenröhrling (Seite 44).
Wert: ungenießbar durch Bitterstoffe, löst, in größeren Mengen genossen, Magen-Darm-Beschwerden aus.

Ungenießbar

Steinpilz und Gallenröhrling

Die Röhren sind beim Gallenröhrling immer rosa, nie gelblich grün wie beim Steinpilz. Das Netz am Stiel beim Gallenröhrling ist dunkler, die Grundfarbe des Stiels deutlich heller. Beim Steinpilz ist es umgekehrt. Der Gallenröhrling schmeckt widerlich bitter.

Flockenstieliger Hexenröhrling

Boletus erythropus (B. luridiformis)
Sonstige deutsche Namen: Schusterpilz, Samtkappe, Schuppenstieliger Hexenröhrling, Zigeuner

Nicht nur für Hexen eine wahre Delikatesse.

Hutoberseite: dunkelbraun; jung samtig, alt glänzend; nass etwas klebrig; jung halbkugelig, später gewölbt; bis 20 Zentimeter breit.

Hutunterseite: Röhren; Mündungen rot, rund, klein; auf Druck sofort blauend.

Sporenfarbe: olivbraun.

Stiel: dickbauchig; orangegelb mit roten Flocken (kein Netz).

Fleisch: fest; gelb, im Anschnitt sofort blauend.

Geruch – Geschmack: Mild.

Vorkommen: Mai bis November; auf saurem Boden; Laub- und Nadelwald, gern zwischen Heidelbeeren, auch im Bergland; Mykorrhizapilz von Eiche, Buche, Fichte.

Sehr guter Speisepilz

Bemerkungen: Von den Röhrlingen mit roten Röhrenmündungen ist nur der Flockenstielige Hexenröhrling unbedenklich.

Verwechslungen: Netzstieliger Hexenröhrling (Seite 50), Glattstieliger Hexenröhrling (Stiel ohne Flocken oder Netz), Satanspilz (Seite 43).

Wert: sehr guter Speisepilz; roh giftig, muss auf jeden Fall sehr gut erhitzt werden, da sonst Verdauungsstörungen möglich sind.

Flockenstieliger Hexenröhrling

Am dunkelbraunen Hut und rotflockigen Stiel von Röhrlingen mit roten Mündungen zu unterscheiden.

Satanspilz

Boletus satanas

Sonstige deutsche Namen: Satansröhrling, Kuhfotzen

Hutoberseite: grau-weißlich, steingrau; alt bräunlich, jung halbkugelig, später gewölbt; bis 25 Zentimeter breit.

Hutunterseite: Röhren; Mündungen orangerot; klein, rund; auf Druck schwach blauend.

Sporenfarbe: olivbraun.

Stiel: dickbauchig, kurz; Spitze gelb mit feinem rotem Netz; Mitte und Basis rot.

Fleisch: weißlich gelblich, nur schwach blauend.

Geruch – Geschmack: im Alter meist aasartig.

Vorkommen: Juli bis September; sehr selten; Wärme und Kalk liebend; Mykorrhizapilz, meist bei Eiche oder Buche; fehlt in Norddeutschland.

Bemerkungen: In älteren Büchern zum Teil nur als roh giftig beschrieben, tödliche Vergiftungen sind allerdings nicht bekannt.

Verwechslungen: Flockenstieliger Hexenröhrling (Seite 42), Schönfußröhrling (gelbe Röhrenmündungen).

Wert: giftig; ruft Erbrechen und heftige Verdauungsstörungen hervor, die tagelang anhalten können.

Sein Name ist Programm – Hände weg vom Satanspilz.

Giftig, stark gefährdet

Flockenstieliger Hexenröhrling und Satanspilz

- Der Satanspilz hat meist einen hellgrauen Hut, der Flockenstielige Hexenröhrling einen dunkelbraunen.
- Der Stiel des Hexenröhrlings ist mit Flocken besetzt und hat kein Netz. Der Satanspilz dagegen ist von der Stielmitte ab nach unten deutlich rot gefärbt und hat ein Netz.

Maronenröhrling

Xerocomus badius

Sonstige deutsche Namen: Marone, Braunhäuptchen, Graspilz, Tannenpilz, Braunkappe, Frauenschwamm, Schafschwamm

Von einem der beliebtesten Pilze, dem Maronenröhrling, sollte man – wegen der hohen Radioaktivität – noch immer die Finger lassen.

⚠

Essbar, radioaktiv hoch belastet

Hutoberseite: kastanienbraun bis dunkelbraun; jung fein filzig, alt glatt; bis 15 Zentimeter breit.

Hutunterseite: Röhren; Mündungen fein, rund; jung weißlich, später grüngelb bis oliv; auf Druck blauend.

Sporenfarbe: olivbraun.

Stiel: gelblich bräunlich; längsfaserig (kein Netz); zylindrisch bis bauchig.

Fleisch: jung fest, alt weich; weißlich, bei Verletzung blau anlaufend, aber wieder verblassend.

Geruch – Geschmack: obstartig – mild.

Vorkommen: Juli bis November; gern auf saurem Boden; meist im grasigen Nadelwald unter Kiefer und Fichte, seltener im Laubwald; Mykorrhizapilz.

Bemerkungen: hoch radioaktiv belastet.

Verwechslungen: Steinpilz (Seite 40), Rotfuß (Seite 45), Ziegenlippe (Hut gräulich), Gallenröhrling (Seite 41).

Wert: essbar, aber radioaktiv hoch belastet; roh giftig.

Maronenröhrling und Rotfußröhrling

- Die Mündungen an der Hutunterseite sind beim Maronenröhrling fein, beim Rotfußröhrling dagegen mittelgroß.
- Das Fleisch ist beim Maronenröhrling weißlich, beim Rotfußröhrling dagegen hellgelb.

Rotfußröhrling

Xerocomus chrysenteron

Sonstige deutsche Namen: Rotfüßchen

Trotz gutem Geschmack ist vom Rotfußröhrling noch immer abzuraten.

Hutoberseite: hellbeige bis dunkel rotbraun; samtig; in Rissen/Fraßstellen rötend; jung halbkugelig, später abgeflacht; bis zehn Zentimeter breit.

Hutunterseite: Röhren; Mündungen mittelgroß, eckig; jung gelb, alt oliv-bräunlich; auf Druck oft, aber nicht immer blauend.

Sporenfarbe: olivbraun.

Stiel: gelb oder bräunlich; meist mit roter Basis (Name); zylindrisch; oft verbogen.

Fleisch: hellgelb; schwach blauend; alt weich.

Geruch – Geschmack: obstartig – leicht säuerlich.

Vorkommen: Juni bis November; häufig auf saurem Boden; in Laub- und Nadelwald; Mykorrhizapilz.

Bemerkungen: Bei einigen Proben von Rotfußröhrlingen wurden erhöhte radioaktive Werte gemessen.

Verwechslungen: Maronenröhrling (Seite 44), Ziegenlippe (Röhren leuchtend gelb, ohne Rottöne), Schönfußröhrling (größer, Geschmack bitter).

Wert: jung Geschmack säuerlich; alt geschmacklos.

Essbar, zum Teil hoch radioaktiv belastet

Der Rotfußröhrling

Es gibt mehrere Rotfußarten mit entsprechenden Farbvarianten. Bei kalter Witterung ist der Hut meist dunkelbraun, der Stiel gelb ohne rote Farben, das Fleisch fest und madenfrei. Bei Feuchtigkeit tritt häufig Goldschimmel auf.

Der Butterpilz – ein sehr guter, wenn auch mit Vorsicht zu genießender Speisepilz.

Butterpilz

Suillus luteus

Sonstige deutsche Namen: Butterröhrling, Rotzerl, Schmerling, Schmierling

Hutoberseite: schokoladenbraun bis gelblich; feucht schmierig, trocken glänzend; radialfaserig; Huthaut gut abziehbar; jung halbkugelig, alt flach; bis 13 Zentimeter breit.

Hutunterseite: Röhren; jung hellgelb und von häutiger Schutzschicht bedeckt, alt olivgelb; Mündungen rund, zum Teil eckig.

Sporenfarbe: ocker-bräunlich.

Stiel: jung gelblich; Basis zum Teil bräunlich; zylindrisch; Ring jung weiß, später dunkel oder fehlend.

Fleisch: hellgelb; weich.

Geruch – Geschmack: schwach obstartig – mild.

Vorkommen: Juni bis November; Sandboden; Kalk meidend; Mykorrhizapilz.

Bemerkungen: scheint vereinzelt allergische Reaktionen auszulösen; kann stärker radioaktiv belastet sein.

Verwechslungen: keine mit Giftpilzen. Goldröhrling (heller; nur unter Lärchen; selten; essbar; Seite 47), Körnchenröhrling (heller; ohne Ring; essbar).

Wert: schmackhafter Speisepilz, der umstritten ist.

Sehr guter Speisepilz, allergieverdächtig

Goldröhrling und Butterpilz

- Der Hut des Goldröhrlings hat eine recht helle orangegelbe bis goldbraune Färbung, der Butterpilz ist braun.
- Die Hutunterseite ist beim Goldröhrling am Stiel angewachsen und sehr englöchrig, beim Butterpilz von einer häutigen Schutzschicht bedeckt.

Goldröhrling

Wer ihn findet, kann sich auf ein köstliches Menü freuen.

Suillus grevillei

Sonstige deutsche Namen: Goldgelber Lärchenröhrling, Schöner Röhrling

Hutoberseite: hell orangegelb bis goldbraun; klebrig bis schmierig; jung halbkugelig, dann gewölbt bis flach; Rand etwas über die Röhren gehend; bis zwölf Zentimeter breit.

Hutunterseite: Röhren; gelb, später zimtfarben; am Stiel angewachsen; sehr englöchrig; jung mit schleimiger Hülle.

Sporenfarbe: gelblich bis braun.

Stiel: wie der Hut gefärbt; faserig; gegen die Basis auf gelbem Grund rötlich genetzt; zylindrisch; mit schleimigem Ring.

Fleisch: hellgelb, weich.

Geruch – Geschmack: angenehm mild.

Vorkommen: Juli bis Oktober; im Lärchenwald, auch unter einzelnen Lärchenbäumen; Mykorrhizapilz.

Bemerkungen: bei älteren Exemplaren die Huthaut bereits im Wald abziehen; jüngere sind wesentlich schleimiger, lassen sich aber schlecht abziehen.

Verwechslungen: kaum mit Giftpilzen.

Wert: essbar, schonenswert.

Essbar, selten

Röhrlinge

Der Goldröhrling wächst nur unter Lärchen. Sein Geruch ähnelt dem des Steinpilzes. Ähnlichkeiten bestehen mit dem Butterpilz (siehe Seite 46) und mit anderen Röhrlingen, wie z.B. dem Rostroten Lärchenröhrling (S. tridentinus) oder dem Körnchenröhrling (S. granulatus). Alle ähnlichen Schmierröhrlinge mit Ring sind essbar.

Die Birkenrotkappe – selten, aber gut.

Birkenrotkappe

Leccinum testaceo-scabrum (L. versipelle)

Sonstige deutsche Namen: Rotkappe, Rothautröhrling, Schwarzschuppiger Birkenröhrling, Heiderotkappe, Rothäuptchen

Hutoberseite: gelbbraun oder ziegelrötlich; feinfilzig; radialfaserig; jung halbkugelig, alt gewölbt; Huthaut über die Fruchtschicht überstehend; bis 15 Zentimeter breit.

Hutunterseite: Röhren; jung weißlich grau, später grauocker.

Sporenfarbe: braun.

Stiel: weißlich mit schwarzen Schuppen; lang und schlank.

Fleisch: weiß bis schwach rosa; im Anschnitt und an Druckstellen grau, graublau, dann schwärzend, Stielbasis im Anschnitt blaugrün, bald verblassend.

Geruch – Geschmack: unbedeutend.

Vorkommen: Juni bis Oktober; wird seltener; in Heidelandschaften; als Mykorrhizapilz nur unter Birken.

Bemerkungen: Die Birkenrotkappe ist geschützt; Sammeln nur für den Eigenbedarf erlaubt.

Verwechslungen: keine mit Giftpilzen. Birkenpilz (Seite 49), Espenrotkappe (nur bei Espen), Eichenrotkappe (kräftiger, bei Eichen oder Buchen).

Wert: guter festfleischiger Speisepilz; Fleisch wird schwarz (wie verbrannt), was aber die Qualität nicht mindert.

Guter Speisepilz, teilgeschützt

Braten von Rotkappen

Da die Rotkappe sehr stark anläuft, schneidet man sie am besten zum Braten direkt ins heiße Fett.

Birkenpilz

Der Birkenpilz – zu selten, um ihn einfach zu essen.

Leccinum scabrum

Sonstige deutsche Namen: Kapuziner, Grashaxe, Rotzling, Birkel, Pfaffenkopf

Hutoberseite: hell gelbbraun bis graubraun, auch rotbraun; Huthaut jung feinfilzig, alt kahl; schmierig; jung halbkugelig, später gewölbt; bis zwölf Zentimeter breit.

Hutunterseite: Röhren; weißlich, später grau oder bräunlich; auf Druck bräunend; Mündungen klein, rund.

Sporenfarbe: bräunlich.

Stiel: weiß bis cremefarben mit dunklen oder cremefarbenen Schuppen; schlank.

Fleisch: weiß, selten schwach rosa, grau, blaugrün; meist nicht verfärbend; jung fest, alt schwammig; Stielfleisch längsfaserig.

Geruch – Geschmack: angenehm – mild.

Vorkommen: Juni bis Oktober; häufig; Mykorrhizapilz.

Bemerkungen: Farbvarianten je nach Art; alle essbar; geschützt; Sammeln nur für Eigenbedarf.

Verwechslungen: Hainbuchen-Röhrling (Fleisch schwärzend), Birkenrotkappe (Seite 48).

Wert: guter Speisepilz; alt weich, Stiele zäh; Moorform nicht schmackhaft.

Essbar, teilgeschützt

Der Birkenpilz und seine Verwandten

Der Birkenpilz oder Gemeine Birkenpilz tritt nur unter Birken auf. Meist besitzt er auffällig dunkle Schuppen auf seinem Stiel. Er ähnelt dem Rötenden Birkenpilz (L. oxydabile), der jedoch einen helleren Hut und sich rötlich verfärbendes Fleisch besitzt.

Die blaue Farbe im Anschnitt warnt: ungenießbar!

Netzstieliger Hexenröhrling

Boletus luridus

Sonstige deutsche Namen: keine

Hutoberseite: gelbbraun bis olivbraun; jung feinfilzig (wie Wildleder), später glatt; jung halbkugelig, alt flach; bis 20 Zentimeter breit.

Hutunterseite: Röhren; Mündungen rötlich, klein, rund; auf Druck blauend.

Sporenfarbe: olivbraun.

Stiel: gelb mit rotem Netz; auf Druck blauend; Basis rötlich; bauchig bis schlank.

Fleisch: gelb, im Anschnitt blauend.

Geruch – Geschmack: unbedeutend – mild.

Vorkommen: Juni bis Oktober; gern auf kalkhaltigem Boden; in Norddeutschland selten; in Laub- und Mischwald und Parkanlagen; Mykorrhizapilz unter Buchen, Birken und Linden.

Bemerkungen: unverträglich mit Alkohol, bis zu drei Tage vor und nach dem Genuss; enthält geringe Mengen (Spuren) Muscarin.

Verwechslungen: Flockenstieliger Hexenröhrling (Seite 42), Satanspilz (Seite 43), Glattstieliger Hexenröhrling (Stiel ohne Zeichnung, sehr selten, Rote Liste).

Wert: Nach neueren Erkenntnissen ist der Netzstielige Hexenröhrling als leicht giftig einzustufen; besonders mit Alkohol ist er besonders unverträglich, individuell auch ohne.

Leicht giftig, besonders zusammen mit Alkohol

Keinen Alkohol zum Essen

Der Netzstielige Hexenröhrling wird oft als essbar bezeichnet, sofern er mindestens 15 Minuten lang gegart wird. Die Autorinnen raten davon ab.

Kahler Krempling

Kahler Krempling – Vorsicht: Gift!

Giftig

Paxillus involutus

Sonstige deutsche Namen: Empfindlicher Krempling, Speckpilz

Hutoberseite: gelbbraun bis rotbraun; jung schmierig, alt glänzend; Hutrand jung filzig und eingerollt, Hut flach bis trichterförmig mit gerieftem Rand; bis 15 Zentimeter breit.

Hutunterseite: Lamellen; dicht stehend, am Stiel herablaufend; dort oft mit netzartigen Querverbindungen; leicht vom Hut ablösbar; gelbbraun; auf Druck braun fleckig.

Sporenfarbe: braun.

Stiel: kurz; wie Hut gefärbt; auf Druck braun fleckig.

Fleisch: gelblich, bei Verletzung des Fruchtkörpers bräunend; weich; Stiel längsfaserig.

Geruch – Geschmack: angenehm – säuerlich.

Vorkommen: Juni bis November; sehr häufig; in Laub- und Nadelwald, Park, Garten; Mykorrhizapilz (Birken).

Bemerkungen: Erst seit wenigen Jahren ist bekannt, dass der Kahle Krempling das Paxillus-Syndrom verursacht (siehe Seite 9).

Verwechslungen: braune Milchlinge (sondern bei Verletzung Flüssigkeit ab), Trichterlinge (weiße Sporen).

Wert: kein Speisepilz, giftig!

Den Kahlen Krempling meiden

Der Kahle Krempling ist ein Massenpilz und wurde lange als Marktpilz gehandelt. In Deutschland ist der Verkauf inzwischen seit Jahren verboten. In älteren Büchern wird er allerdings noch als Speisepilz bezeichnet. Vom Verzehr ist dringend abzuraten.

Für Saucen eine echte Bereicherung – der Pfifferling.

Pfifferling

Cantharellus cibarius

Sonstige deutsche Namen: Eierschwamm, Rehling, Gelbschwammerl, Nagerl, Reherl, Rilling, Zechling

Hutoberseite: ei- bis orangegelb, im Alter ausblassend; glatt; jung gewölbt, später flach mit unregelmäßig gelapptem Rand; bis zehn Zentimeter breit.

Hutunterseite: Leisten; dicklich, gegabelt; wie der Hut gefärbt; am Stiel herablaufend.

Sporenfarbe: gelblich.

Stiel: wie der Hut gefärbt; kurz, dick, fest.

Fleisch: blassgelb; im Hut brüchig; Stiel faserig.

Geruch – Geschmack: obstartig – mild bis leicht scharf.

Vorkommen: Juni bis November; selten werdend; gern im Moos, im Laub- und Nadelwald; Myrkorrhizapilz.

Bemerkungen: Der Rückgang des Pfifferlings ist vorwiegend auf die Stickstoffbelastung der Böden zurückzuführen. In wenig belasteten Gebieten wie in den Zentralalpen und in Osteuropa geht die Art trotz intensiven Sammelns nicht zurück. Als Handelspilz ist er radioaktiv nicht unbelastet (je nach Herkunft).

Verwechslungen: Falscher Pfifferling (Seite 53), südlich der Alpen auch Ölbaumtrichterling (eng stehende dünne Lamellen).

Wert: sehr guter Speisepilz; Handelspilz; nicht roh verwenden.

Sehr guter Speisepilz, teilgeschützt

Mehr über den Pfifferling

Der Pfifferling wächst in Kolonien. Er besitzt Leisten und keine Lamellen. Sein Fleisch ist brüchig.

Falscher Pfifferling

Wie der Name schon sagt – dieser Pfifferling ist falsch.

Hygrophoropsis aurantiaca

Sonstige deutsche Namen: Falscher Eierschwamm

Hutoberseite: jung leuchtend orange, alt ausblassend; feinfilzig, glatt werdend; Rand jung eingerollt, später abflachend bis trichterförmig; bis acht Zentimeter breit.

Hutunterseite: Lamellen; intensiver als der Hut gefärbt; am Stiel herablaufend, zum Rand gegabelt.

Sporenfarbe: weiß-gelblich.

Stiel: orange; kurz, dünn; zusammendrückbar.

Fleisch: orange, weich bis zäh.

Geruch – Geschmack: unbedeutend – leicht säuerlich.

Vorkommen: August bis November; häufig; auf dem Boden und auf sehr morschem Nadelholz; im Nadelwald; Saprophyt.

Bemerkungen: radioaktiv hoch belastet.

Verwechslungen: Pfifferling (Seite 52), Milchlinge (geben bei Verletzung des Fruchtkörpers eine Flüssigkeit ab).

Wert: kann nicht als Speisepilz empfohlen werden, da heftige individuelle Unverträglichkeiten auftreten (Brechdurchfälle; Magen-Darm-Störungen); radioaktiv hoch belastet.

Ungenießbar, radioaktiv hoch belastet

Pfifferling und Falscher Pfifferling

- Der Falsche Pfifferling besitzt gegabelte weiche Lamellen und keine Leisten.
- Das Fleisch des Falschen Pfifferlings ist biegsam, weich und zäh. Im Gegensatz dazu ist der echte Pfifferling festfleischig.

Der Milchbrätling sieht nicht nur besonders verführerisch aus – er schmeckt auch besonders gut.

Milchbrätling

Lactarius volemus

Sonstige deutsche Namen: Brätling, Bratling

Hutoberseite: gelblich rotbraun, orangebraun; matt samtig; jung halbkugelig gewölbt mit eingerolltem Rand, später flach und in der Mitte vertieft; bis zehn Zentimeter breit.

Hutunterseite: Lamellen; gedrängt, leicht herablaufend; zum Hutrand oft gegabelt; blassgelb, bei Verletzung braunfleckig.

Sporenfarbe: weißlich.

Stiel: wie der Hut orange-bräunlich, doch oft heller; glatt; zylindrisch bis bauchig; faserig.

Fleisch: weißlich; bei Verletzung reichlich weiße Milch absondernd, sich bräunlich verfärbend.

Geruch – Geschmack: riecht leicht nach Hering oder Krebsen – mild.

Vorkommen: Juni bis Oktober; Laubwald und Nadelwald; bevorzugt Kalk- und Lehmböden; ist in den letzten Jahren selten geworden.

Bemerkungen: bei Verletzungen reichlich Milchfluss, der klebrig bräunlich eintrocknet. Schmeckt mild.

Verwechslungen: keine mit Giftpilzen. Rotbrauner Milchling (scharfe Milch; Seite 55).

Wert: guter Speisepilz, dessen Hut sich besonders gut zum Braten eignet.

Guter Speisepilz

Mehr über den Milchbrätling

Der Milchbrätling ist ein orangeroter Milchling, der bei Verletzungen reichlich weiße, mild schmeckende Milch absondert. Der herings- bzw. krebsartige Geruch verliert sich beim Braten.

Rotbrauner Milchling

Warnfarbe Rot – den Rotbraunen Milchling lassen Sie besser stehen.

Ungenießbar; radioaktiv hoch belastet

Lactarius rufus

Sonstige deutsche Namen: Paprikapilz

Hutoberseite: rotbraun; matt bis schwach bereift; jung halbkugelig, alt leicht trichterförmig, meist mit Buckel; bis acht Zentimeter breit.

Hutunterseite: Lamellen; gerade angewachsen; cremefarben bis blass rotbraun.

Sporenfarbe: weißlich.

Stiel: meist etwas heller als der Hut gefärbt; schlank; brüchig.

Fleisch: weißlich; brüchig.

Geruch – Geschmack: leicht harzig – sehr scharf, aber erst nach ein paar Sekunden.

Vorkommen: Juni bis Oktober; gern auf saurem Boden; meist im Nadelwald, besonders bei Kiefer, seltener im Laubwald; Mykorrhizapilz.

Bemerkungen: trotz seines sehr scharfen Geschmacks in Osteuropa als Speisepilz genutzt; durch stundenlanges Wässern und anschließendes langes Abkochen vergeht die Schärfe.

Verwechslungen: mit anderen braunen Milchlingen, meist ebenfalls ungenießbar.

Wert: ungenießbar.

Essbare und ungenießbare Milchlinge

- Viele ungenießbare Milchlinge, wie z. B. der Rotbraune Milchling, sondern eine scharfe, bitter schmeckende Milch ab.
- Die Milch der essbaren Milchlinge, wie etwa die des Milchbrätlings, schmeckt dagegen sehr mild und angenehm.

Edelreizker

Lactarius deliciosus

Sonstige deutsche Namen: Echter Reizker

Hutoberseite: hell, orangeocker, orangefuchsig, fast cremefarben, mit dunkleren Ringen; alt bis zu grünfleckig; gewölbt, mit eingerolltem Rand, dann flach mit vertiefter Mitte; bis zwölf Zentimeter breit.

Hutunterseite: Lamellen; blass orangegelb; gerade angewachsen; gedrängt; bei Verletzung sich langsam grün verfärbend.

In Fett angebraten eine delikate Speise – der Edelreizker.

Milch: karotten- bis mennigerot, später graugrün.

Sporenfarbe: cremefarben.

Stiel: blassorange bis ziegelrötlich, verletzt sich dunkelgrün verfärbend mit orangeroten Flecken; zylindrisch.

Fleisch: blassorange; fest, alt brüchig.

Geruch – Geschmack: süßlich obstartig – mild.

Vorkommen: Juli bis Oktober; unter Kiefern; bevorzugt kalkhaltige Böden.

Bemerkungen: mehrere Arten mit unterschiedlich gefärbtem Hut und orangefarbener bis rotweinroter Milch sind essbar.

Guter Speisepilz

Verwechslungen: eventuell Birkenreizker (Seite 57); Blutreizker (Lactarius sanguifluus), Fichtenreizker (Lactarius deterrimus) und Lachsreizker (Lactarius salmonicolor) sind essbar.

Wert: guter Speisepilz, vor allem zum Braten geeignet.

Ein edler Pilz

Der Edelreizker ist unverwechselbar durch seine orange- bis rotfarbene Milch und die etwas dunkler gefärbten Ringzeichnungen auf der Hutoberseite.

Birkenreizker

Lactarius torminosus

Sonstige deutsche Namen: Birkenmilchling, Zottiger Reizker, Giftreizker

Verwechseln Sie ihn nicht – der Birkenreizker ist leicht giftig.

Hutoberseite: lachsfarben bis rosa; mit dunkleren kreisförmigen Zeichnungen; erst gewölbt, dann abgeflacht, mit vertiefter Mitte; Oberfläche filzig, jung Rand eingerollt; bis 14 Zentimeter breit.

Hutunterseite: Lamellen; blass fleischfarben bis rosa; gedrängt stehend; mit vielen Zwischenlamellen; leicht herablaufend am Stiel gegabelt.

Milch: weiß; brennend scharf.

Sporenfarbe: hellgelb, cremefarben.

Stiel: Fleischfarben bis rostig; zylindrisch; brüchig.

Fleisch: blass weißlich bis rosa-bräunlich; fest.

Geruch – Geschmack: obstartig – sehr scharf.

Vorkommen: August bis Oktober; unter Birken; auf sauren Böden; gesellig; Mykorrhizapilz der Birke.

Bemerkungen: verursacht bei Genuss schwere Koliken.

Verwechslungen: Blutreizker und Edelreizker (Seite 56), die aber karottenrote Milch absondern und essbar sind.

Wert: schwach giftig.

Schwach giftig

Edelreizker und Birkenreizker

- Der Edelreizker fällt durch dunkle Ringzeichnungen auf der Hutoberseite auf.
- Die Milch des Edelreizkers ist karotten- bis mennigerot, die des Birkenreizkers dagegen weiß.
- Der Edelreizker ist vorwiegend unter Kiefern zu finden, während der Birkenreizker ein Mikorrhizapilz der Birke ist.

Trotz seiner etwas ungenießbaren Farbe – der Frauentäubling ist genießbar.

Frauentäubling

Russula cyanoxantha

Sonstige deutsche Namen:
Blautäubling

Hutoberseite: violett bis grün; jung kugelig, später flach bis leicht trichterförmig; bis zwölf Zentimeter breit.

Hutunterseite: Lamellen; weiß; untermischt; elastisch.

Sporenfarbe: weiß.

Stiel: weiß; dicklich, zylindrisch; brüchig.

Fleisch: weiß; unter der Huthaut violett; brüchig.

Geruch – Geschmack: unbedeutend – mild; nussartig.

Vorkommen: Juni bis Oktober; häufig; oft im Laubwald; Mykorrhizapilz von Eiche und Buche.

Bemerkungen: mit einiger Übung leicht zu erkennen an den nicht splitternden Lamellen, wenn man mit dem Finger darüber fährt (bei anderen Täublingen sind die Lamellen brüchig).

Verwechslungen: mit anderen grünen (z. B. Grasgrüner Täubling, Seite 61) oder violetten Täublingen (Lamellen nicht elastisch).

Wert: guter Speisepilz (leider auch für Maden); Pilz des Jahres 1997.

Guter Speisepilz

Farblich variabel

Die Täublinge besitzen eine sehr große farbliche Variationsbreite: von Gelb über Grüngrau bis zu Lilaoliv, je nachdem, auf welchem Boden und unter welchen Bäumen sie zu finden sind. Gelblich gefärbte Täublinge wachsen gern unter Hainbuchen.

Gallentäubling

Er ist nicht bitter, sondern schlichtweg ungenießbar – der Gallentäubling.

Russula fellea

Sonstige deutsche Namen: keine

Hutoberseite: gelb bis ocker; feucht schmierig; Rand alt gerieft, jung kugelig, später flach bis leicht trichterförmig; bis acht Zentimeter breit.

Hutunterseite: Lamellen; cremefarben; brüchig.

Sporenfarbe: blass cremefarben.

Stiel: weißlich bis blass ocker; etwas brüchig; zylindrisch.

Fleisch: von weiß bis cremefarben; brüchig.

Geruch – Geschmack: süßsauer – sehr scharf.

Vorkommen: August bis November; häufig; stellt keine besonderen Ansprüche an den Boden; im Laubwald; Mykorrhizapilz der Buche.

Bemerkungen: kommt sehr häufig zusammen mit dem ebenfalls als ungenießbar geltenden Ockertäubling vor.

Verwechslungen: Ockertäubling (Russula ochroleuca; häufig in Nadelwäldern, weniger im Laubwald).

Wert: ungenießbar bis schwach giftig.

Ungenießbar

Nicht schwer zu identifizieren

- Der Gallentäubling besitzt einige charakteristische Erkennungsmerkmale: Er riecht süßlich obstartig, seine Hutfarbe ist gelb, und der Geschmack des Fleischs ist äußerst scharf.
- Verwechselt werden kann der Gallentäubling vor allem mit dem Ockertäubling (Russula ochroleuca), der in geringen Mengen gegessen werden kann. Da er schwach giftig ist, raten wir aber davon ab.

Nicht nur schön, sondern auch noch sehr gut – der Rotstielige Ledertäubling.

Rotstieliger Ledertäubling

Russula olivacea

Sonstige deutsche Namen: keine

Hutoberseite: purpur- bis weinrot, sehr wechselhaft; jung meist oliv, später oft mit olivfarbiger Hutmitte; Huthaut matt; jung kugelig, später abflachend; Rand lange eingebogen; auffallend große Art; bis 18 Zentimeter breit.

Hutunterseite: Lamellen; weiß bis cremefarben; alt ocker; brüchig.

Sporenfarbe: gelb.

Stiel: weiß bis rosa, rosarot überhaucht; brüchig; zylindrisch.

Fleisch: weiß oder gelblich; alt ocker bis lederfarben; sehr trocken; brüchig.

Geruch – Geschmack: fruchtig – nussartig mild.

Vorkommen: Juni bis Oktober/November; regional häufig; besonders auf besseren Böden; im Laubwald; vor allem bei Eiche und Buche; Mykorrhizapilz.

Bemerkungen: Hutfarbe sehr veränderlich; das Erkennen erfordert einige Übung; typisch ist der rosa Stiel.

Verwechslungen: Speitäubling (Russula mairei) und mehrere ähnlich gefärbte, teils milde, teils sehr scharfe Arten.

Essbar

Wert: essbar; gut kochen.

Den Ledertäubling erschmecken

Mit ein bisschen Übung wird man den Rotstieligen Ledertäubling bald leicht erkennen, trotz seiner variablen Hutfarbe. Die größte Sicherheit gibt eine Geschmacksprobe: Das Fleisch schmeckt sehr mild und etwas nussartig.

Grasgrüner Täubling

In kleinen Mengen genossen ist er sehr fein: der Grasgrüne Täubling.

Russula aeruginea

Sonstige deutsche Namen: Grasgrüner Birkentäubling

Hutoberseite: grasgrün, hellgrün bis weißlich, mit dunklerer Hutmitte; radialfaserig; jung kugelig, dann gewölbt; bis zwölf Zentimeter breit.

Hutunterseite: Lamellen; jung weiß, alt creme- bis ockerfarben; nicht brüchig (Ausnahme zusammen mit dem Frauentäubling).

Sporenfarbe: cremefarben.

Stiel: weiß; Basis oft rostfleckig und zugespitzt; brüchig; zylindrisch.

Fleisch: weiß; brüchig.

Geruch – Geschmack: mild bis leicht pfeffrig.

Vorkommen: Juli bis September; häufig auf saurem Boden; im Laub-, seltener im Nadelwald; gern bei Birke oder Fichte; Mykorrhizapilz.

Bemerkungen: führt bei rohem Genuss zu starkem Erbrechen.

Verwechslungen: Grüner Knollenblätterpilz (Seite 62), Frauentäubling (Seite 58).

Wert: essbar; individuelle Unverträglichkeiten.

In kleinen Mengen essbar

Elastische Lamellen

Der Grasgrüne Täubling ähnelt dem Frauentäubling, der ebenfalls essbar ist (Seite 58). Beide Pilze besitzen elastische Lamellen. Dies ist eine Ausnahme, da ansonsten alle Täublinge brüchige Lamellen haben. Der Grasgrüne Täubling kann zu Unverträglichkeiten führen. Deshalb sollte er nur in kleinsten Mengen als Mischpilz verwendet werden.

Gift pur – der Grüne Knollenblätterpilz.

Grüner Knollenblätterpilz

Amanita phalloides

Sonstige deutsche Namen: Grüner Giftwulstling, Giftchampignon, Grüner Schierlingsschwamm

Hutoberseite: grün, gelblich grün, goldbraun oder oliv; radialfaserig; zum Teil mit weißen Flocken; jung eiförmig und von weißer Hülle umgeben, die später aufreißt; Hut dann gewölbt; alt flach; bis 15 Zentimeter breit.

Hutunterseite: Lamellen; weiß; frei.

Sporenfarbe: weiß.

Stiel: weißlich bis grünlich genattert; schlank, mit weißem Ring (kann auch zerrissen am Hutrand hängen); Basis mit Knolle und großer häutiger Scheide (meist in Laub oder Erde verborgen).

Fleisch: weiß; unter Huthaut gelblich oliv.

Geruch – Geschmack: jung angenehm, alt widerlich süß – nussig (nicht versuchen!).

Vorkommen: Juni bis November; nicht in höheren Lagen; oft im Laub- oder Mischwald.

Bemerkungen: Knollenblätterpilze verursachen das Phalloides-Syndrom (siehe Seite 27).

Verwechslungen: Grasgrüner Täubling (Seite 61), Scheidenstreiflinge (kein Ring), Gelber Knollenblätterpilz (Geruch nach Kartoffelkeller), jung mit Bovisten (keine grüne Linie unter der Oberfläche).

Wert: tödlich giftig.

Tödlich giftig

Leicht zu erkennen

Der Grüne Knollenblätterpilz weist eine für ihn typische knollige Stielbasis mit einer häutigen Scheide auf.

Kegelhütiger Knollenblätterpilz

Bloß nicht verwechseln, sonst endet es tödlich – der Kegelhütige Knollenblätterpilz.

Amanita virosa

Sonstige deutsche Namen: Spitzhütiger Knollenblätterpilz, Weißer Knollenblätterpilz, Kegeliger Wulstling

Hutoberseite: weiß schmierig; alt gilbend und glänzend, jung eiförmig in Schutzhülle; aufreißend; alt konvex; bis neun Zentimeter breit.

Hutunterseite: Lamellen; frei; weiß; jung durch Velum bedeckt.

Sporenfarbe: weiß.

Stiel: weiß; stark weißschuppig; seidig glänzend; schlank; längsfaserig; Basis mit Knolle in großer, oft anliegender Scheide; Ring flüchtig.

Fleisch: weiß.

Geruch – Geschmack: unangenehm – nicht versuchen!

Vorkommen: Juni bis September; auf saurem Boden; meist im Nadel-, selten im Laubwald; Mykorrhizapilz.

Bemerkungen: Ein anderer weißer Knollenblätterpilz ist der tödlich giftige Frühlings-Knollenblätterpilz, eine weiße Form des Grünen Knollenblätterpilzes. Auch der Gelbe Knollenblätterpilz ist tödlich giftig.

Verwechslungen: Schafchampignon (Seite 88), Wiesenchampignon (Seite 90).

Wert: tödlich giftig.

Tödlich giftig

Knollenblätterpilze und Champignons

Im jungen Stadium sind Verwechslungen mit Champignons möglich.

- Lamellenvergleich: Beim Kegelhütigen Knollenblätterpilz sind sie immer weiß, beim Champignon getönt.
- Knolle mit Scheide an der Stielbasis beim Giftpilz.

Nicht ganz so giftig wie seine Verwandten: der Gelbe Knollenblätterpilz.

Gelber Knollenblätterpilz

Amanita citrina

Sonstige deutsche Namen: Gelblicher Knollenblätterpilz

Hutoberseite: blassgelb, zitronengelb, teils mit grünlichem Schimmer; flächige weißliche, klebrige Flocken; jung eiförmig in weißer Hülle; aufreißend; Hut dann gewölbt, später flach; bis acht Zentimeter breit.

Hutunterseite: Lamellen; jung von Velum geschützt und somit nicht sichtbar, frei; weiß.

Sporenfarbe: weiß.

Stiel: Farbe wie Hut; blass gelblich genattert; schlank; mit Ring; Basis mit Knolle in undeutlicher Scheide; watteartig umrandet; Knolle scharf vom Stil abgegrenzt.

Fleisch: weiß; weich.

Geruch – Geschmack: nach Kartoffelkeller; im Herbst meist ohne Geruch – Geschmack eher unangenehm.

Vorkommen: Juli bis November; häufig auf saurem Boden; gern auf Sand; im Laub- und Nadelwald; Mykorrhizapilz.

Bemerkungen: wird oft für den Grünen Knollenblätterpilz gehalten.

Verwechslungen: Wiesenchampignon (Seite 90), Grüner und Kegelhütiger Knollenblätterpilz (Seite 62f.).

Wert: schwach giftig.

Giftig

Nicht unbedingt gelb

Deutlich zu sehen ist beim Gelben Knollenblätterpilz die dicke Basis, die Knolle ist scharf vom Stiel abgegrenzt. Der Hutrand ist ungerieft. Dieser Pilz tritt auch in rein weißer Form auf.

Fliegenpilz

Amanita muscaria

Trotz seiner Schönheit – der bekannte Fliegenpilz ist giftig.

Hutoberseite: rot, orange oder gelblich; glänzend; mit weißen Flocken; alt oder nach Regen auch fehlend, jung eiförmig in Hülle; aufreißend; dann gewölbt bis flach; alt Hutrand gerieft; bis 15 Zentimeter breit.

Hutunterseite: Lamellen; jung von Velum bedeckt; frei; weiß.

Sporenfarbe: weiß.

Stiel: weiß; schlank; mit weißem Ring; Basis mit schuppiger Knolle.

Fleisch: weiß; gelborangefarbene Linie unter der Huthaut.

Geruch – Geschmack: unbedeutend – mild.

Vorkommen: August bis November; in Laub- und Nadelwald; Mykorrhizapilz; im Flachland meist bei Birken, in höheren Lagen bei Fichten.

Bemerkungen: Der Genuss löst Rauschzustände und Halluzinationen (Fliegenpilzsyndrom) aus. Verursacht wird das Fliegenpilzsyndrom vor allem durch drei Substanzen: Muscinol, Muscazon und Ibotensäure.

Giftig

Verwechslungen: Kaiserling (Wärme liebend, ohne Flocken), jung mit Stäublingen (keine orange Linie unter der Oberfläche; Seite 96f.).

Wert: giftig.

Jedes Kind kennt ihn

Der Fliegenpilz ist der bekannteste Pilz überhaupt. Jedes Kind lernt ihn zunächst als vermeintlich tödlich giftigen Pilz kennen, vor dessen Einnahme dringend gewarnt wird, zugleich ist er aber auch ein Glückssymbol.

Nur gekocht essbar, daher nie roh probieren: der Perlpilz.

Perlpilz

Amanita rubescens

Sonstige deutsche Namen: Rötender Wulstling, Perlwulstling, Schälpilz

Hutoberseite: Fleisch rosa bis rotbraun, auch gelblich oder grau, aber immer mit Rotton; mit graurosa abwischbaren Velumflocken; Huthaut leicht abziehbar; jung kugelig; von weißer Hülle umgeben; später gewölbt, alt flach; bis 15 Zentimeter breit.

Hutunterseite: Lamellen; jung von Velum geschützt; frei; weiß; alt rotfleckig.

Sporenfarbe: weiß.

Stiel: an der Spitze weiß, zur Basis rötlich, alt bräunlich; schlank oder kräftig; mit gerieftem Ring.

Fleisch: weiß; bei Verletzung rötend (Madenfraßgänge); unter der Huthaut rosa.

Geruch – Geschmack: unbedeutend – etwas kratzend.

Vorkommen: Juni bis Oktober; häufig; im Laub- und Nadelwald; Mykorrhizapilz.

Bemerkungen: nur für Sammler mit Erfahrung geeignet.

Verwechslungen: Pantherpilz (Seite 67), Gelber Knollenblätterpilz (Seite 64), Grauer Wulstling (ohne Rottöne), Brauner Fliegenpilz.

Wert: essbar, guter Geschmack; gut erhitzten; roh giftig.

Guter Speisepilz, roh stark giftig

Familie der Wulstlinge

Zu dieser Familie gehören auch Pantherpilz und Knollenblätterpilz. Perlpilze weisen immer etwas rosa Farbe auf, im Gegensatz zum Kalkweiß der anderen.

Pantherpilz

Amanita pantherina
Sonstige deutsche Namen: Pantherwulstling, Paddenstuhl, Krötenstuhl

Hutoberseite: hell- bis dunkelbraun mit weißen Spitzen; abwischbare Flocken; Rand meist gerieft; jung kugelig; von Velum umgeben; alt flach; bis zehn Zentimeter breit.

Hutunterseite: Lamellen; jung durch Velum geschützt; frei; weiß.

Sporenfarbe: weiß.

Stiel: weiß; schlank mit ungerieftem Ring; Basis mit Knolle und angewachsener Scheide; Söckchen.

Fleisch: weiß; nicht verfärbend.

Geruch – Geschmack: rettichartig – süßlich.

Vorkommen: Juli bis Oktober; lückenhaft verbreitet; gern auf Sand; im Laub- und Nadelwald; Mykorrhizapilz (Eiche).

Bemerkungen: enthält ähnliche Nervengifte wie der Fliegenpilz, die zum Tod führen können.

Verwechslungen: Perlpilz (Seite 66), Grauer Wulstling (Ring gerieft), jung mit Stäublingen (im Längsschnitt keine Innenstrukturen sichtbar; Seite 96f.).

Wert: giftig, unter Umständen tödlich.

Genauso gefährlich wie ein Panther – der Pantherpilz.

Giftig

Perlpilz und Pantherpilz

- Der Pantherpilz ist ein brauner Lamellenpilz, der auch bei ausgebreitetem Hut auffallend weiße Hüllreste trägt. Sein Stiel sitzt in einer dicken Knolle. Seine Manschette ist nicht gerieft.
- Der Perlpilz besitzt keine rein weißen Flocken auf dem Hut, eine geriefte Manschette und rötendes Fleisch.

Parasolpilze – bekannt und beliebt.

Parasolpilz

Macrolepiota procera

Sonstige deutsche Namen: Riesenschirmling, Riesenschirmpilz, Großer Schirmling

Hutoberseite: weißlicher Grund mit kreisförmig angeordneten wolligen Schuppen; Mitte dunkelbraun und glatt; jung dunkelbraun; in Form eines Paukenschlegels; später glockenförmig, alt flach; bis 30 Zentimeter breit.

Hutunterseite: Lamellen; jung von Velum bedeckt; weiß; frei; dicht stehend.

Sporenfarbe: weiß.

Stiel: Spitze weiß; unter dem Ring braungrau genattert; Basis mit Knolle; Ring im Alter verschiebbar.

Fleisch: weiß; im Stiel zäh.

Geruch – Geschmack: angenehm – nussartig.

Vorkommen: Juli bis Oktober; häufig; im Laubwald, an Wegrändern, in Parks, auf Wiesen, selten im Nadelwald; Saprophyt.

Bemerkungen: Für Riesenschirmlinge ist der frei bewegliche Ring typisch, bei anderen Schirmlingen ist der Ring fest verwachsen.

Verwechslungen: Safranschirmling (Seite 69), Spitzschuppiger Schirmling (Seite 91), Giftiger Riesenschirmling (Fleisch rötend, auf Kompost).

Wert: guter Speisepilz, roh unbekömmlich, Stiele zäh; daher nur die Hüte verwenden.

Guter Speisepilz

Ähnliche Schirmlinge

Ähnliche, aber kleinere Schirmlingsarten, die keinen beweglichen Ring (sondern einen festen) besitzen, sind ungenießbar oder giftig.

Safranschirmling

Makrolepiota rhacodes (M. rachodes)

Sonstige deutsche Namen: Rötender Schirmling

Der Safranschirmling ist zwar essbar, aber – trotz seiner Ähnlichkeit zum Parasolpilz – nicht ganz so gut.

Hutoberseite: weißlicher Grund mit bräunlichen, kreisförmig angeordneten Schuppen; Hutmitte braun; jung braun in Paukenschlegelform, alt flach; bis 15 Zentimeter breit.

Hutunterseite: Lamellen; weiß; auf Druck rötend; frei; jung von Velum bedeckt.

Sporenfarbe: weiß.

Stiel: hellgraubraun, im Alter dunkler werdend; glatt (nicht genattert); bei Verletzung rötlich; lang und schlank mit verschiebbarem Ring, Basis mit Knolle.

Fleisch: weiß; bei Verletzung rötlich.

Geruch – Geschmack: unbedeutend – mild.

Vorkommen: Juli bis November; häufig; meist im Nadelwald bei Fichte; Saprophyt.

Bemerkungen: Gartenform (Makrolepiota rhacodes var. hortensis); dunkler; wächst vor allem auf Kompost; Genuss kann zu Vergiftungserscheinungen führen.

Verwechslungen: Gartenform, Parasolpilz (Seite 68), Spitzschuppiger Schirmling (Seite 91), kleinere Schirmlinge (giftig; Ring nicht verschiebbar).

Wert: essbar; roh ungenießbar.

Essbar

Wo sammeln?

Safranschirmlinge sollte man nur in Wäldern sammeln, nicht in Gärten, Parks, Obstbauanlagen und bei Kompoststellen. Die Varietät, die an diesen Stellen wächst (Gartenform), soll Vergiftungserscheinungen verursachen.

Nicht jeder mag und verträgt ihn, den Hallimasch.

Hallimasch

Armillaria mellea

Sonstige deutsche Namen: Halamarsch, Michaelischwamm, Heckenschwamm, Honigpilz

Hutoberseite: gelblich bis bräunlich mit abwischbaren dunklen Schuppen; jung kugelig, alt flach bis gewellt; bis zwölf Zentimeter breit.

Hutunterseite: Lamellen; blass bräunlich; jung von weißlichem Velum bedeckt; gerade bis leicht herablaufend.

Sporenfarbe: weiß.

Stiel: wie der Hut gefärbt; mit weißem, dicht unter dem Hut sitzendem Ring; meist schlank.

Fleisch: weißlich; fest; im Stiel zäh.

Geruch – Geschmack: nach Pilzen – kratzend.

Vorkommen: September bis Dezember; sehr häufig; in Büscheln auf Laub- und auf Nadelholz; Parasit und Saprophyt.

Bemerkungen: mehrere Arten mit Farbunterschieden in Hut und Schüppchen; auf Laubholz wachsende Fruchtkörper sollen leicht giftig sein.

Essbar; unbedingt abkochen

Verwechslungen: Sparriger Schüppling (Seite 71), Schwefelköpfe (Seite 86f.), Gifthäubling (Seite 85), Hautköpfe, Waldfreundrübling (essbar, helle Lamellen).

Wert: essbar; nicht jedem bekömmlich; roh giftig; vor der Weiterverarbeitung abkochen und Kochwasser wegschütten (enthält Gift- und Schleimstoffe).

> ### *Vorsicht!*
> Beim Hallimasch werden häufig individuelle Unverträglichkeiten beobachtet.

Sparriger Schüppling

Pholiota squarrosa

Sonstige deutsche Namen: keine

Sieht aus wie er schmeckt – ungenießbar: der Sparrige Schüppling.

Hutoberseite: honiggelb bis orangebraun; mit fest verwachsenen, braunen, sparrig abstehenden Schuppen; jung kegelförmig, alt gewölbt, bis zehn Zentimeter breit.

Hutunterseite: Lamellen; jung blass gelblich; durch schleierartiges Velum verdeckt; alt rostbraun; gerade angewachsen bis leicht herablaufend.

Sporenfarbe: rostbraun.

Stiel: an der Spitze gelb; unter der Ringzone hellbraun mit braunen sparrigen Schuppen; Ringzone durch Sporen braun gefärbt.

Fleisch: gelblich, zäh.

Geruch – Geschmack: rettichartig – ziemlich bitter.

Vorkommen: September bis November; häufig; in Büscheln meist an Nadel- und Laubholz; auch an Obstbäumen; Parasit und Saprophyt.

Bemerkungen: aggressiver Parasit.

Verwechslungen: Hallimasch (Seite 70).

Wert: ungenießbar; oft als essbar nach Abkochen beschrieben.

Ungenießbar

Hallimasch und Sparriger Schüppling

- Der Sparrige Schüppling hat abstehende Schuppen an Hut und Stiel sowie braune Sporen.
- Der Hallimasch hat weiße Sporen, hellbräunliche Lamellen und keine sparrigen Schuppen auf Hut und Stiel.
- Falls nötig, Geschmacksprobe.

Ein sehr guter Speisepilz – der Maipilz.

Maipilz

Calocybe gambosa

Sonstige deutsche Namen: Georgsritterling, Mairitterling

Hutoberseite: meist weiß, auch cremefarben bis ocker; jung halbkugelig, später flach, alt gewellt; Rand eingerollt; bis 15 Zentimeter breit.
Hutunterseite: Lamellen; weißlich bis cremefarben; gedrängt; gerade oder ausgebuchtet angewachsen.
Sporenfarbe: weiß.
Stiel: weiß; fest; zylindrisch.
Fleisch: weiß; fest.
Geruch – Geschmack: mehlig – aromatisch mild.
Vorkommen: April bis Juni; weit verbreitet; in grasigem Laubwald, Parks, im Gebüsch am Wegrand; gesellig; Mykorrhizapilz.
Bemerkungen: gehört zur Gruppe der Ritterlinge. Erscheint in Italien im Herbst nochmals.
Verwechslungen: Ziegelroter Risspilz (Seite 73), Riesenrötling (Seite 77).
Wert: Speisepilz; sehr intensiver süßlicher Geschmack.

Guter Speisepilz

Maipilze im April

Der Maipilz ist einer der ersten Pilze, die im Frühjahr erscheinen. Er heißt deswegen Georgsritterling, da er oft schon um den Georgstag, den 23. April, auftaucht. Der Maipilz wächst in Form eines Hexenrings (in Kreisform wachsende Pilzansammlungen). Wem das etwas aufdringliche Aroma des Maipilzes beim Kochen nicht zusagt, der kann es durch kräftiges Würzen oder Braten vermindern.

Ziegelroter Risspilz

Inocybe erubescens (I. patouillardii)

Sonstige deutsche Namen: Mairispilz, Ziegelroter Faserkopf

Vorsicht ist geboten: der Ziegelrote Risspilz ist hochgradig giftig.

Hutoberseite: jung weiß, seidig, glänzend; radialfaserig; auf Druck und im Alter rötend; dann ziegelrot; jung glockig, alt flach; Rand radial einreißend; bis acht Zentimeter breit.
Hutunterseite: Lamellen; jung weiß, alt bräunlich; gerade bis ausgebuchtet angewachsen.
Sporenfarbe: braun.
Stiel: jung weiß; auf Druck und im Alter rot verfärbend.
Fleisch: weiß; rötend; Hutfleisch dünn.
Geruch – Geschmack: jung obstartig, alt unangenehm – bitter.
Vorkommen: Mai bis Juli; Kalk liebend, wächst aber nicht nur auf Kalkböden; in Laubwald und Parks; Mykorrhizapilz.
Bemerkungen: Viele Risspilze (typisch ist bei einem Großteil der Arten der radial einreißende Hut) gelten als giftig; sie enthalten Muscarin, das in sehr hohen Dosen zum Tod führen kann.
Verwechslungen: Maipilz (Seite 72).
Wert: sehr giftig.

Sehr giftig

Maipilz und Ziegelroter Risspilz

Die Verwechslungsgefahr zwischen Maipilz und Ziegelrotem Risspilz ist vor allem im Jungstadium groß, da die rote Hutfarbe sich erst mit der Zeit entwickelt.
Der Maipilz hat jedoch immer weißliche bis rahmgelbe Lamellen und riecht nach Mehl. Er färbt sich auch mit zunehmendem Alter nie rötlich.

Grünling

Tricholoma equestre (T. flavovirens)

Sonstige deutsche Namen: Echter Ritterling, Goldreizker, Grünreizker

Hutoberseite: grüngelber bis grünbrauner Grund; klein geschuppt; jung halbkugelig bis glockig, später ausgebreitet; sehr schmierig, oft von Sand bedeckt; bis zehn Zentimeter breit.

Hutunterseite: Lamellen; gelbgrün; dicht stehend; am Stiel ausgebuchtet.

Sporenfarbe: weiß.

Nicht zu viel davon: Der Grünling ist noch immer stark radioaktiv belastet.

Stiel: hellgelb bis grüngelb; zylindrisch, auch keulig; voll; glatt.

Fleisch: gelblich weißlich; weich; im Stiel faserig.

Geruch – Geschmack: mehlartig – mild.

Vorkommen: Ende September bis November; in Kiefernwäldern; der Grünling bevorzugt sandige Böden; auch am Waldrand; gesellig.

Bemerkungen: kommt nicht mehr allzu häufig vor, ist deshalb geschützt und darf nicht gesammelt werden.

Verwechslungen: mit ähnlich aussehenden essbaren Grünlingsarten, Schwefelritterling (Seite 75), anderen, übel riechenden Ritterlingsarten.

Wert: radioaktiv belastet.

Geschützt und radioaktiv hoch belastet

Die Heimat des Grünlings

Der Grünling wächst nur in Kiefernwäldern oder in der Nähe von Kiefern auf Sandböden. So findet man ihn z.B. häufiger in den sandigen Kiefernwäldern Norddeutschlands. In den süddeutschen Mittelgebirgen ist er dagegen seltener anzutreffen. Als ausgesprochener Herbstpilz findet man ihn auch mal Anfang Dezember.

Schwefelritterling

Tricholoma sulphureum

Sonstige deutsche Namen: keine

Hutoberseite: schwefelgelb bis gelbbraun; in der Mitte auch fuchsig; jung halbkugelig, bald ausgebreitet oder trichterförmig; Oberfläche matt und trocken; scharfer Rand; bis acht Zentimeter breit.

Hutunterseite: Lamellen; schwefelgelb, dick; weit auseinander stehend; ausgebuchtet.

Sporenfarbe: weiß.

Stiel: gelb, mit rötlichen Längsfasern; zylindrisch, auch keulig dick; jung voll, später hohl.

Fleisch: schwefelgelb-grünlich; fest.

Geruch – Geschmack: stark schwefelig – mild.

Vorkommen: Juli bis Oktober; in Laub- und Nadelwäldern; weit verbreitet.

Bemerkungen: nur schwach giftig, verursacht aber Magen-Darm-Beschwerden.

Verwechslungen: Grünling (Seite 74), Purpurbrauner Schwefelritterling, riecht ebenfalls widerlich.

Wert: ungenießbar, schwach giftig.

Er riecht wie er heißt, und leicht giftig ist er auch noch: der Schwefelritterling.

Ungenießbar bis schwach giftig

Grünling und Schwefelritterling

- Ganz leicht kann man die beiden Pilzarten an ihrem Geruch unterscheiden.
- Der Grünling duftet angenehm mehlartig, während der Schwefelritterling abstoßend schwefelig stinkt.
- Einen ebenso widerlichen, leuchtgasähnlichen Geruch verströmt der Purpurbraune Schwefelritterling (Tricholoma bufonium).

Nicht jeder verträgt diesen Pilz – die Nebelkappe.

Nebelkappe

Lepista nebularis

Sonstige deutsche Namen: Graukappe, Grauer Ritter, Nebelgrauer Trichterling

Hutoberseite: hell- bis dunkelgrau, oft weißlich bereift (wie Schimmel); jung gewölbt, später flach, alt trichterförmig; Rand lange eingerollt; bis 15 Zentimeter breit.

Hutunterseite: Lamellen; weißlich bis leicht gelblich; gedrängt stehend; gerade bis herablaufend; leicht vom Hut ablösbar.

Sporenfarbe: weißlich cremefarben.

Stiel: blass grau bis mittelgrau; kräftig; zylindrisch; Basis oft verdickt mit weißem Myzelfilz; längsfaserig.

Fleisch: weiß; fest.

Geruch – Geschmack: süßlich seifig – säuerlich.

Vorkommen: von September bis November; häufig; in Reihen oder Kreisen; in Laub- oder Nadelwald, im Gebüsch; Saprophyt.

Bemerkungen: typischer großer Massenpilz des Spätherbstes.

Verwechslungen: Riesenrötling (Seite 77).

Wert: essbar, vor der Verarbeitung abkochen; nicht jedem bekömmlich.

Essbar; abkochen

Vorsichtig probieren

Junge Nebelkappen, in großen Mengen verzehrt, können auch nach Abkochen Verdauungsstörungen auslösen. Auch alte Exemplare stehen in diesem Verdacht. Die Verträglichkeit muss mit einer kleinen Menge getestet werden. Der eigenwillige Geschmack bleibt auch nach dem Abkochen erhalten.

Riesenrötling

Entoloma sinuatum

Sonstige deutsche Namen: Giftrötling, Bleicher Rötling, Leichenfarbiger Rötling

Nichts zum Essen – der Riesenrötling.

Hutoberseite: cremeweiß bis grau-bräunlich; leicht radialfaserig; seidig glänzend; jung halbkugelig, später gewölbt; Hutrand lange eingerollt; bis 15 Zentimeter breit.

Hutunterseite: Lamellen; jung weißlich mit gelbem Schein, alt lachsrosa; ausgebuchtet bis gerade angewachsen; nicht gedrängt stehend; nicht vom Hut ablösbar.

Sporenfarbe: rosabraun.

Stiel: weißlich; kräftig; zylindrisch; Basis mit Myzelfilz.

Fleisch: weiß; fest; im Stiel längsfaserig.

Geruch – Geschmack: mehlig, nicht süßlich – mild.

Vorkommen: Juli bis September; in Norddeutschland selten; Kalk liebend; gern auf Lehmboden; gesellig in Reihen oder Kreisen; meist im Laubwald, bei Buche; Mykorrhizapilz.

Bemerkungen: in Frankreich stärker verbreitet; führt dort häufiger zu Vergiftungen; soll hervorragend schmecken; nach kurzer Latenzzeit Brechdurchfälle.

Verwechslungen: Nebelkappe (siehe Seite 76), Maipilz (Seite 72).

Wert: sehr giftig.

Sehr giftig

Nebelkappe und Riesenrötling

- Der Riesenrötling hat rosa bis lachsrosa Lamellen. Sie laufen nie am Stiel herab.
- Die Lamellen der Nebelkappe sind weiß bis gelblich, nie rosa. Sie laufen meist am Stiel herab.

Gesund und schmackhaft – der Violette Rötelritterling.

Essbar

Violetter Rötelritterling

Lepista nuda

Sonstige deutsche Namen: Violetter Ritterling, Nackter Ritterling

Hutoberseite: violett, rosaviolett bis braunviolett, alt bräunlich; glatt; feucht glänzend; jung kugelig, später flach bis leicht trichterförmig; Rand eingerollt; bis 15 Zentimeter breit.

Hutunterseite: Lamellen; jung violett, alt gräulich violett; gedrängt; ausgebuchtet bis leicht herablaufend.

Sporenfarbe: leicht rosa.

Stiel: violett; fein flockig; kräftig; Basis meist verdickt mit leicht violettem Myzelfilz.

Fleisch: blass violett; saftig; im Stiel längsfaserig.

Geruch – Geschmack: aromatisch – süßlich; mild.

Vorkommen: September bis Dezember; gelegentlich auch im Frühjahr; häufig; gesellig, oft in Reihen oder Kreisen; im Laub- und Nadelwald.

Bemerkungen: roh mit blutzersetzenden Stoffen; gekocht blutdrucksenkend; auch als Zuchtpilz erhältlich; leicht aus Myzel auf Humus selbst zu ziehen.

Verwechslungen: Lila Lacktrichterling (Laccaria amethystina), Lila Dickfuß (Cortinarius traganus; Lamellen sind rostbraun, nie lila!).

Wert: essbar; Unverträglichkeiten sind möglich.

Violette Lamellen

Sie müssen beim Sammeln immer auf die violetten oder blauvioletten Lamellen achten. Sie sind niemals, wie etwa die Lamellen des Lila Dickfuß, bräunlich bis braun!

Horngrauer Rübling

Collybia butyracea var. asema

Sonstige deutsche Namen: Grauer Butterrübling

Wer's mag: Besonders gut ist er nicht, der Horngraue Rübling.

Hutoberseite: horngrau-bräunlich, mitunter fast schwarz; Mitte dunkler, Rand hell; glatt; glänzend; leicht schmierig (Butter); jung halbkugelig, alt flach; bis sechs Zentimeter breit.
Hutunterseite: Lamellen; blass weißlich.
Sporenfarbe: weiß.
Stiel: grau-bräunlich, etwas heller als der Hut; knorpelig zäh; längsstreifig; schlank.
Fleisch: weißlich; wässrig; dünn.
Geruch – Geschmack: unbedeutend – mild.
Vorkommen: Juli bis November; sehr häufig gesellig; im Laub- und Nadelwald; Saprophyt.
Bemerkungen: Der Hut des Kastanienroten Rüblings (Collybia butyracea) ist rotbraun gefärbt.
Verwechslungen: Keulenfußtrichterling (Clitocybe clavipes; hat eine aufgeblasene Stielbasis, herablaufende Lamellen und einen süßlichen, zimtartigen Geruch).
Wert: essbar, minderwertig; nicht ergiebig, Stiel zu zäh.

Essbar

Zwei essbare Rüblinge

Ein anderer, ebenfalls essbarer Rübling ist der Kastanienrote Rübling. Er besitzt einen sattbraunen Hut und ist daran gut von dem Horngrauen Rübling zu unterscheiden, dessen Hut eine graubraune Farbe besitzt.

Bei beiden Pilzen empfiehlt es sich, nur die Hüte zu verwenden, da die Stiele sehr zäh sind. Für Mischgerichte sind sie aufgrund ihres geringen Werts am besten geeignet.

Mögen Sie Anis? Dann ist der Grüne Anistrichterling genau das Richtige für Sie.

Grüner Anistrichterling

Clitocybe odora

Sonstige deutsche Namen: keine

Hutoberseite: türkisgrün, blaugrün, graublau; ausblassend; weißlich bereift; jung glockenförmig, später trichterförmig, alt gewellt; Hutrand eingerollt; bis acht Zentimeter breit.

Hutunterseite: Lamellen; gerade angewachsen; gedrängt; blass grünlich.

Sporenfarbe: weiß.

Stiel: wie der Hut gefärbt; zäh; schlank; Basis verdickt; mit weißem Myzelfilz.

Fleisch: blass grünlich; wässrig.

Geruch – Geschmack: jung intensiv nach Anis – mildwürzig.

Vorkommen: August bis November; häufig; gesellig; im Laub- und Nadelwald; gern bei Buche oder Fichte, in Nadelstreu; Saprophyt.

Bemerkungen: Der intensive Anisgeruch bleibt auch nach der Verarbeitung erhalten; kann durch vorheriges Abkochen nur etwas gemindert werden.

Verwechslungen: Grünspanträuschling, mit weiß gefärbten Trichterlingen, von denen einige sehr giftig sind, Grüner Knollenblätterpilz (Seite 62).

Essbar

Wert: essbar, aber Geschmackssache.

Macht seinem Namen Ehre

Der Grüne Anistrichterling hat seinen Namen nicht umsonst. Wer ihn sammeln will, muss auf den Anisgeruch und die grüne Farbe achten. Allerdings riecht auch sein tödlicher Gegenspieler leicht nach Anis. Ausgebleichte Exemplare sollten Sie nicht sammeln.

Weißer Trichterling

Clitocybe dealbata

Sonstige deutsche Namen: Feldtrichterling, Weißer Gifttrichterling

Trotz Ähnlichkeit zum Anistrichterling – dieser Weiße Trichterling ist hochgiftig.

Hutoberseite: weißlich bis horngrau, zum Teil weißlich bereift; jung gewölbt, später flach bis trichterförmig und wellig; bis acht Zentimeter breit.

Hutunterseite: Lamellen; herablaufend; weißlich.

Sporenfarbe: weiß.

Stiel: weißlich bis blass grau; schlank; Basis leicht verdickt; oft mit Myzelfilz; ohne Ring.

Fleisch: weißlich; meist wässrig; am Hutrand dünn.

Geruch – Geschmack: leicht nach Anis – schwach mehlig.

Vorkommen: September bis November; häufig; im Laub- und Nadelwald; Saprophyt.

Bemerkungen: Es gibt viele Arten kleiner weißer Trichterlinge, die dem Weißen Trichterling sehr ähnlich und sehr giftig sind: Bleiweißer Trichterling, Dufttrichterling, Ranziger Trichterling.

Verwechslungen: Grüner Anistrichterling (Seite 80).

Wert: tödlich giftig.

Tödlich giftig

Grüner Anistrichterling und Weißer Trichterling

- Der Weiße Trichterling wächst in großen Mengen auch außerhalb von Wäldern im Gras, entlang von Wegen.
- Der Anistrichterling ist an seiner blaugrünen Farbe zu erkennen. Sie verblasst aber im Alter.
- Keine kleinen weißen Blätterpilze sammeln, sie sind giftig.

Weltweit bekannt – der Austernseitling.

Austernseitling

Pleurotus ostreatus

Sonstige deutsche Namen: Austernpilz

Hutoberseite: grau-bläulich, grau, gelb-bräunlich; glatt; alt mit weißem Filz, jung Rand eingerollt; halbkreisförmig; seitlich gestielt; Hüte dachziegelartig übereinander sitzend; bis 18 Zentimeter breit.

Hutunterseite: Lamellen; weißlich bis blass gelblich; herablaufend.

Sporenfarbe: weiß.

Stiel: weißlich; seitlich am Hut ansitzend; kurz; dick; zäh; Basis zottig.

Fleisch: weiß; jung weich, alt dick und im Stiel zäh.

Geruch – Geschmack: angenehm.

Vorkommen: Oktober bis Dezember; oft erst nach den ersten Frösten; in Gruppen an Laubholz (vor allem an Buche); Parasit und Saprophyt.

Bemerkungen: Farben vom Alter des Myzels abhängig; alt gelblich werdend; der gezüchtete Pilz ist zarter.

Verwechslungen: keine mit Giftpilzen. Gelbstieliger Muschelseitling, Eichenseitling (ungenießbar, an Eiche, Hut heller und mit Schleierresten).

Wert: guter Speisepilz.

Guter Speisepilz

In großem Stil gezüchtet

Der Austernseitling ist ein ausgesprochener Winterpilz. Er besiedelt gerne geschädigte oder altersschwache Bäume und wächst büschelig an Laubholzstrünken. Er wird inzwischen auch weltweit gezüchtet, riecht würzig und ist sehr schmackhaft. Ältere Pilze dagegen werden sehr zäh.

Gefleckblättriger Flämmling

Gymnopilus penetrans (G. leybridus)
Sonstige deutsche Namen: Faserigberingter Flämmling

Zu bitter, um eine wahre Delikatesse zu sein – der Gefleckblättrige Flämmling.

Hutoberseite: intensiv rötlich ocker bis gelbbräunlich; alt mit rostbraunen Flecken; leicht radialfaserig; glatt, jung kugelig, später abflachend; bis sechs Zentimeter breit.
Hutunterseite: Lamellen; gedrängt; jung gelblich, später gelb, alt mit rostbraunen Flecken.
Sporenfarbe: ocker-bräunlich.
Stiel: blass gelb, rötlich längs gefasert; schlank.
Fleisch: blass gelblich; dünn.
Geruch – Geschmack: säuerlich – bitter.
Vorkommen: August bis November; häufig, besonders im Flachland; gesellig bis büschelig an Nadelholz, besonders an Kiefer; Saprophyt.
Bemerkungen: Die Arten sind makroskopisch nicht zu unterscheiden, typisch sind die gefleckten Lamellen. Gymnopilus hybridus soll eher im Gebirge vorkommen, Gymnopilus penetrans im Flachland.
Verwechslungen: Stockschwämmchen (Seite 84), Hallimasch (Seite 70), Schwefelköpfe (Seite 86f.).
Wert: ungenießbar.

Ungenießbar

Vorsicht vor Verwechslungen

Wer sich nicht ganz sicher ist, ob er einen Gefleckblättrigen Flämmling, ein essbares Stockschwämmchen oder einen essbaren Schwefelkopf vor sich hat, sollte hier sehr vorsichtig sein. Für Anfänger sind die Unterschiede zu gering, um sie erkennen zu können. Deutlich sind die leuchtend gelben, rostfleckigen Lamellen.

Essbar und angenehm im Geschmack – das Stockschwämmchen.

Stockschwämmchen

Kuehneromyces mutabilis

Sonstige deutsche Namen: Lippertzgen, Stockschüppling, Laubholzschüppling

Hutoberseite: gelbbraun bis zimtfarben, Mitte honiggelb; Rand braun und hygrophan; bei Trockenheit nur gelb; kahl; glänzend; Hüte dachziegelartig übereinander sitzend; untere Hüte durch Sporen braun gefärbt; jung kugelig, alt flach; bis fünf Zentimeter breit.

Hutunterseite: Lamellen; gerade angewachsen; jung tonfarben; durch Velum bedeckt; alt rostbraun.

Sporenfarbe: braun.

Stiel: Stielspitze gelb, zur Basis hin braun mit dunklen Schüppchen; Basis schwärzlich; verholzt; schlank; zäh; mit oft noch sitzendem Ring.

Fleisch: gelblich; dünn; im Stiel zäh.

Geruch – Geschmack: würzig – mild, nie mehlartig.

Vorkommen: Mai bis Dezember; häufig; büschelig; in sehr großen Gruppen dachziegelartig auf Laubholz; selten auf Nadelholz; Saprophyt.

Essbar

Bemerkungen: nicht für Anfänger geeignet.

Verwechslungen: Gifthäubling (Seite 85), Schwefelköpfe (Seite 86f.), Gefecktblättriger Flämmling (Seite 83).

Wert: guter Speisepilz; nur Hüte verwenden; Stiele zäh.

Nur für Experten

Da die Verwechslungsgefahr mit dem Gifthäubling äußerst groß ist, sollte man sich vor dem Verzehr unbedingt immer den Rat eines Experten einholen, um kein Risiko einzugehen.

Gifthäubling

Der Gifthäubling enthält, was er verspricht – jede Menge Gift.

Galerina marginata

Sonstige deutsche Namen: Gesäumter Häubling, Nadelholzhäubling

Hutoberseite: honiggelb bis mittelbraun, Mitte gelb, Rand braun; hygrophan; feucht durchscheinend gerieft; bei Trockenheit gänzlich gelbocker; jung kugelig, alt flach; bis zu vier Zentimeter breit.

Hutunterseite: Lamellen; gerade angewachsen, jung ockerbraun; alt rostbraun.

Sporenfarbe: braun.

Stiel. Spitze gelblich, zur Basis hin dunkelbraun, weißlich silber überfasert; ohne Schüppchen; Basis holzig; schlank; zäh; mit brauner Ringzone.

Fleisch: ocker-bräunlich; dünn; im Stiel zäh.

Geruch – Geschmack: mehlig – mild.

Vorkommen: August bis Oktober; häufig in Süddeutschland; im Norden seltener; einzeln oder gesellig; häufig in dichtem Rasen, meist an Nadelholz, aber auch an Laubholz; Saprophyt.

Bemerkungen: enthält Amanitine (Gifte des Grünen Knollenblätterpilzes), Todesfälle sind trotzdem selten.

Verwechslungen: Stockschwämmchen (Seite 84), Hallimasch (Seite 70).

Wert: tödlich giftig.

Tödlich giftig

Stockschwämmchen und Gifthäubling

Für den Laien besteht keine 100-prozentige Möglichkeit, die beiden Pilzarten voneinander zu unterscheiden. Allerdings riecht der zumeist kleinere, rasig wachsende Gifthäubling mehlartig.

Sehr schmackhaft – der Graublättrige Schwefelkopf.

Graublättriger Schwefelkopf

Hypholoma capnoides

Sonstige deutsche Namen: Rauchblättriger Schwefelkopf, Milder Schwefelkopf

Hutoberseite: gelb bis bräunlich ocker; Rand blass; mit Velumresten; jung weißlich, später dunkelbraun; glatt; jung kugelig, alt flach; bis sieben Zentimeter breit.

Hutunterseite: Lamellen; gerade angewachsen; jung hellgrau, alt grauviolett.

Sporenfarbe: schwarzbraun.

Stiel: Spitze blass gelblich, Basis braun; schlank; zerbrechlich; jung mit faseriger Ringzone; alt zäh.

Fleisch: weißlich; dünn.

Geruch – Geschmack: unbedeutend – mild.

Vorkommen: Januar bis Dezember; häufig; büschelig an totem Nadelholz; Saprophyt.

Bemerkungen: Unterscheidung von Grünblättrigem Schwefelkopf ohne Erfahrung schwierig.

Verwechslungen: Grünblättriger Schwefelkopf (Seite 87), Ziegelroter Schwefelkopf.

Wert: ohne Stiele ein hocharomatischer Speisepilz, aber Geschmackssache.

Essbar

Graublättrig oder rauchblättrig

Der Graublättrige Schwefelkopf wird offiziell auch Rauchblättriger Schwefelkopf genannt und ist in vielen Büchern nur unter diesem deutschen Namen zu finden. Er ist schwer von seinem giftigen Doppelgänger, dem Grünblättrigen Schwefelkopf, zu unterscheiden und deshalb zum Sammeln für Anfänger absolut ungeeignet.

Grünblättriger Schwefelkopf

Hypholoma fasciculare

Sonstige deutsche Namen: keine

Der unangenehme Geruch verbietet allein schon den Verzehr – also Finger weg vom Grünblättrigen Schwefelkopf.

Hutoberseite: Mitte ocker-gelblich, Rand gelb-grünlich; jung mit gelben Velumresten, alt mit schwärzlichen; jung glockig, alt flach; Hüte dachziegelartig übereinander sitzend; bis sieben Zentimeter breit.
Hutunterseite: Lamellen; gerade bis leicht ausgebuchtet; jung gelblich grün; durch Velum verdeckt; später graugrün.
Sporenfarbe: dunkelbraun bis purpurschwarz.
Stiel: gelblich grün; schlank; zerbrechlich; mit Ringzone; durch Sporen schwärzlich gefärbt.
Fleisch: gelb; dünn.
Geruch – Geschmack: unangenehm – sehr bitter.
Vorkommen: April bis Dezember; sehr häufig; meist auf Laubholz; Saprophyt.
Bemerkungen: Wegen der extremen Bitterkeit sind Vergiftungen selten.
Verwechslungen: Graublättriger Schwefelkopf (Seite 86), Stockschwämmchen (Seite 84).
Wert: giftig.

Giftig

Graublättriger und Grünblättriger Schwefelkopf

Die Unterscheidung der beiden Pilzarten ist für den Laien eher schwierig.

- Der essbare Graublättrige Schwefelkopf hat weißliches Fleisch und graue Lamellen. Er schmeckt mild.
- Der ungenießbare Grünblättrige Schwefelkopf besitzt dagegen grünlich schwärzliche Lamellen und schmeckt gallebitter.

Essbar, aber oft kadmiumhaltig – der Schafchampignon.

Guter Speisepilz

Schafchampignon

Agaricus arvensis

Sonstige deutsche Namen: Weißer Anisegerling, Anischampignon, Guckemucke

Hutoberseite: weiß; fein schuppig; jung kugelig, später gewölbt; Huthaut abziehbar; gilbend; bis 15 Zentimeter breit.

Hutunterseite: Lamellen; frei; jung rosa, von Velum bedeckt, später braun, alt schwärzlichpurpur.

Sporenfarbe: braunschwarz.

Stiel: weiß; glatt bis fein schuppig; schlank oder kräftig; zylindrisch; mit häutigem Ring; Basis leicht knollig.

Fleisch: weiß; leicht gilbend; im Stielgrund alt ockerlich.

Geruch – Geschmack: nach Anis – mild.

Vorkommen: Juni bis Oktober; auf Wiesen, an Weg- und Waldrändern sowie in Gärten, gern auch auf gedüngtem Boden; Saprophyt.

Bemerkungen: Lamellen der Champignons nie weiß, sondern schon jung leicht rosa oder grau, später braun, alt schwarz. Einige Arten reichern Schwermetalle an, wie dieser Champignon.

Verwechslungen: Karbolegerling (Seite 89; giftig), Kegelhütiger Knollenblätterpilz (Seite 63); Stadtchampignon (essbar, doppelter Ring).

Wert: guter Speisepilz.

Gilbende Champignons

Der Schafchampignon ist der häufigste Vertreter der nach Anis duftenden Champignongruppe, zu der auch der Sommerchampignon gehört. Sie alle gilben und sind essbar.

Karbolegerling

Weiß wie die Unschuld – aber der Karbolegerling ist giftig!

Agaricus xanthoderma

Sonstige deutsche Namen: Giftegerling, Weißer Giftchampignon, Karbolchampignon

Hutoberseite: grau-weißlich, kalkweiß, bei Verletzung sich vorübergehend gelblich färbend; glatt; kahl; jung halbkugelig, dann glockig bis ausgebreitet.

Hutunterseite: Lamellen; Fleisch rosa bis dunkelbraun; frei; schmal.

Sporenfarbe: violettschwarz.

Stiel: weißlich; kahl; oft glänzend; zylindrisch; Ring, lässt sich nach oben abziehen; zur Basis hin oft knollig.

Fleisch: weißlich; dünn; im Schnitt nur in der Stielknolle gelb färbend.

Geruch – Geschmack: jung nach Tinte, später mehr nach Karbolsäure.

Vorkommen: Juli bis Oktober; in Wäldern, Gärten, Parkanlagen und auch auf Wiesen.

Bemerkungen: oft in der Nähe von Wiesenchampignons (Seite 90).

Verwechslungen: mit den meisten essbaren Champignons, vor allem mit dem Wiesenchampignon.

Wert: giftig, löst heftiges Erbrechen aus.

Giftig

Champignons und Karbolegerling

- Der essbare Schafchampignon riecht nach Anis. Er gilbt beim Anschnitt nur schwach. Der Wiesenchampignon hat einen angenehmen Geruch.
- Der giftige Karbolegerling riecht nach Tinte, später nach Karbol (vor allem beim Kochen!). Beim Anschnitt verfärbt er sich in der Stielknolle chromgelb.

Überall beliebt und vielseitig einsetzbar – der Wiesenchampignon.

Wiesenchampignon

Agaricus campestris

Sonstige deutsche Namen: Feldegerling, Angerling, Lohtäuberl, Feldchampignon, Brachschwamm, Erdgürtel

Hutoberseite: reinweiß, im Alter rosa oder ockerfarben überhaucht; jung halbkugelig, dann gewölbt bis flach; Oberfläche fein geschuppt; bis zehn Zentimeter breit.

Hutunterseite: Lamellen; jung graurosa, dann braunrot bis fast schwarz; eng stehend.

Sporenfarbe: purpurbraun.

Stiel: weiß; zylindrisch; schlank bis dick; Basis manchmal gelbfleckig; mit dünnem Ring, nach oben abziehbar.

Fleisch: weiß; im Schnitt zart rötlich.

Geruch – Geschmack: angenehm.

Vorkommen: Mai bis Juni, August bis Oktober; auf wenig gedüngten Wiesen und Weiden, gern auf Pferdekoppeln; besonders nach trockenen Sommern.

Bemerkungen: können auf mit Klärschlamm gedüngten Wiesen stark mit Schwermetallen belastet sein.

Verwechslungen: Karbolegerling (Seite 89), giftige Knollenblätterpilze (Seite 62f.).

Wert: guter Speisepilz.

Guter Speisepilz

Karbolegerling und Knollenblätterpilz

Der Wiesenchampignon kann leicht mit dem giftigen Karbolegerling verwechselt werden. Es gelten die gleichen Unterscheidungsmerkmale. Auch mit den beiden tödlich giftigen Knollenblätterpilzen können Verwechslungen auftreten. Die Lamellen der Giftpilze sind immer weiß, die des Champignons rosa bis braun.

Spitzschuppiger Schirmling

Lepiota aspera

Sonstige deutsche Namen: Rauher Schirmling

Auch sein Aussehen ist nicht verlockend – der Spitzschuppige Schirmling.

Hutoberseite: hellbraun; mit abwischbaren Schuppen; jung halbkugelig, später gewölbt; bis 15 Zentimeter breit.

Hutunterseite: Lamellen; frei; gedrängt; weiß.

Sporenfarbe: weiß.

Stiel: schlank; zylindrisch; Basis knollig verdickt; Ring weiß mit braunflockigem Rand; nicht verschiebbar.

Fleisch: weiß, zum Teil leicht gilbend.

Geruch – Geschmack: säuerlich – unangenehm.

Vorkommen: August bis Oktober; nicht überall besonders häufig; in Wald, Park und Garten, auf Kompost; Saprophyt.

Bemerkungen: weitere kleine Schirmlinge mit unverschiebbarem Ring sind giftig.

Verwechslungen: Waldchampignon (Agaricus silvaticus), Parasolpilz (Seite 68), Safranschirmling (Seite 69).

Wert: ungenießbar bis leicht giftig.

Ungenießbar bis leicht giftig

Waldchampignon und Spitzschuppiger Schirmling

- Die Lamellen des Waldchampignons sind rosa, später braun.
- Die ungenießbaren Schirmlinge haben rein weiße Lamellen.
- Der Spitzschuppige Schirmling ist gut zu erkennen an seinen spitzkegeligen Hutschuppen und dem nicht zu verschiebenden Ring.
- Der Schirmling riecht im Gegensatz zum Wiesenchampignon sehr unangenehm.

Der Schopftintling hat ein zartes Aroma.

Schopftintling

Coprinus comatus

Sonstige deutsche Namen: Spargelpilz, Porzellantintling

Hutoberseite: weiß; schuppig aufreißend; Scheitel bräunlich; jung walzen-, später kegelförmig; alt vom Rand her erst rosa, dann schwarz werdend; Hut löst sich tropfend zu schwarzer Tinte auf; Höhe bis zwölf Zentimeter.

Hutunterseite: Lamellen; wegen der Hutform nicht sichtbar; jung weiß, dann rosa, später schwarz, flüssig werdend; jung Stiel und Hutrand durch Velum verbunden.

Sporenfarbe: schwarz.

Stiel: weiß; lang; schlank; alt hohl; zerbrechlich; Basis tief in der Erde sitzend, keulig verdickt; Ring flüchtig, oft am Hutrand verbleibend.

Fleisch: jung weiß, alt zu schwarzer Tinte zerfließend.

Geruch – Geschmack: angenehm.

Vorkommen: August bis Oktober; auf gedüngtem Boden; gesellig an Wegrändern, auf Kompost, Fettwiesen; Saprophyt.

Guter Speisepilz

Bemerkungen: nur sammeln, wenn noch ganz weiß, sonst zerfließen sie auf dem Heimweg; sofort zubereiten. Verdacht auf Unverträglichkeit mit Alkohol.

Verwechslungen: Faltentintling (Seite 93).

Wert: essbar; wenn jung, ein ausgezeichneter Speisepilz.

Schopftintling und Faltentintling

Der Schopftintling hat einen stark schuppigen, der giftige Faltentintling einen gräulichen Hut mit strahligen Rippen und keine Schuppen.

Faltentintling

Goprinus atramentarius

Sonstige deutsche Namen: Grauer Tintling

Hutoberseite: grau bis braungrau; kahl; längsfaltig; jung eiförmig, später glockenförmig; Scheitel mit braunen kleinen Schuppen; alt vom Rand her zu schwarzer Tinte zerfließend; Höhe bis zehn Zentimeter.

Hutunterseite: Lamellen; jung weißlich grau, alt vom Hutrand her schwarz werdend und als schwarze Tinte abtropfend.

Sporenfarbe: schwarz.

Stiel: weißlich grau; glatt; schlank; hohl.

Fleisch: jung weißlich, alt zu schwarzer Tinte zerfließend.

Geruch – Geschmack: schwach angenehm – mild.

Vorkommen: Mai bis Oktober; büschelig; am Wegrand, auf Schutt, auf Wiesen, auf Baumstümpfen.

Bemerkungen: unverträglich mit Alkohol; es gibt weitere Tintlingsarten, deren Kennzeichen die Auflösung der gesamten Fruchtkörper zu einer schwarzen tintenartigen Flüssigkeit zur Verbreitung der Sporen ist.

Verwechslungen: Schopftintling (Seite 92).

Wert: jung essbar; bis zwei Tage vor und nach dem Verzehr kein Alkoholgenuss erlaubt.

Bei diesem Pilz ist kein Alkohol erlaubt – sonst endet der Genuss mit einer Vergiftung.

Essbar; in Verbindung mit Alkohol giftig

Vor Gebrauch schütteln

Früher wurde der schwarze Saft des Faltentintlings gefiltert, mit Nelkenöl und etwas Gummi arabicum versetzt und als Tinte zum Schreiben benutzt. Das Gemisch musste man nur vor der Verwendung kurz schütteln.

Schon der Geruch schreckt ab – die Stinkmorchel.

Stinkmorchel

Phallus impudicus

Sonstige deutsche Namen: keine

Fruchtkörper: jung weißlich; in Form eines Pfirsichs; bis fünf Zentimeter Durchmesser, dann eiförmig und am Scheitel aufreißend.

Hut: glockenförmig; erst olivgrün, bald weiß mit Wabenmuster; Fruchtkörper bis 20 Zentimeter hoch.

Sporenfarbe: olivgrün.

Stiel: weiß; dick; porös; hohl; Basis in den Hüllresten wie in einer Scheide sitzend.

Geruch: aufdringlich aasartig.

Vorkommen: Juni bis November; gesellig im Laub- und Nadelwald.

Bemerkungen: Die Hexeneier, d. h. die Fruchtkörper der ganz jungen Stinkmorcheln, sind im Boden eingesenkt und meist nur im Nadelwald auffindbar. Sie bestehen aus einer weißen äußeren Hüllschicht, einer Gallertschicht, einer weißen häutigen Schicht, der grünen Sporenmasse und dem weißen Stiel im Inneren. Sporenmasse und Stiel sind jung essbar.

Verwechslungen: Tintenfischpilz (Seite 95), Hundsrute (ungenießbar; Hexenei kleiner; äußere Hülle orangebräunlich), Riesenboviste (Seite 98).

Wert: essbar nur als Hexenei; Geschmack rettichartig.

Nur als Hexenei essbar, sonst ungenießbar

Aasartiger Geruch

Bei Reife reißt die Außenhülle des Hexeneis, und der Stiel mit dem Kopf streckt sich auf bis zu 20 Zentimeter Höhe. Der aasartige Geruch lockt Insekten an, die die Verbreitung der Sporen ermöglichen.

Tintenfischpilz

Außergewöhnlich für das Auge – der Gaumen sollte jedoch auf den Tintenfischpilz verzichten.

Clathrus archeri

Sonstige deutsche Namen: keine

Fruchtkörper: jung weißlich; in Form eines Pfirsichs (ähnlich dem Hexenei); bis vier Zentimeter Durchmesser; dann eiförmig und am Scheitel aufreißend; ein bananenförmiger rosa Körper schiebt sich empor; teilt sich in vier bis sechs leuchtend rote tentakelähnliche »Arme«. Diese stehen erst senkrecht, breiten sich dann seitlich aus.

Stiel: fehlt; »Arme« entspringen direkt aus der scheidenartigen Hülle.

Geruch: aufdringlich aasartig.

Vorkommen: Juli bis Oktober; meist im grasigen Laubwald, gern bei Eiche, aber auch im Nadelwald.

Bemerkungen: Aufbau des Hexeneis wie bei der Stinkmorchel, statt des zentralen Stiels sind im Querschnitt die rosa Armanlagen sichtbar.

Verwechslungen: Stinkmorchel (Seite 94), Riesenboviste (Seite 98).

Wert: ungenießbar.

⚠

Ungenießbar

Stinkmorchel und Tintenfischpilz

- Die als Hexenei essbare Stinkmorchel ist vor allem im Alter mit ihrem Aasgeruch unverkennbar.
- Der Tintenfischpilz macht seinem Namen alle Ehre, wenn seine roten »Fangarme« nach außen aufbrechen.
- Das Hexenei der Stinkmorchel kann man von dem des Tintenfischpilzes nur unterscheiden, indem man es aufschneidet. Beim jungen Tintenfischpilz sind die »Fangarme« bereits deutlich angelegt.

Nicht jedermanns Geschmack – der Flaschenstäubling.

Flaschenstäubling

Lycoperdon perlatum

Sonstige deutsche Namen: Flaschenbovist

Fruchtkörper: jung weiß; mit kurzen abwischbaren Stacheln besetzt, die ein charakteristisches Wabenmuster hinterlassen; alt bräunlich; bei Reife am Scheitel öffnend; Kopfteil kugelig; Durchmesser bis fünf Zentimeter.

Sporenfarbe: olivbraun.

Stiel: jung weiß; ohne Stacheln; alt bräunlich; kurz; Kopf und Stiel ineinander übergehend, zur Basis hin verjüngend.

Fleisch: jung weiß; fest; später gelblich; weich; im Kopfteil zu braunem Sporenstaub zerfallend; im Stiel zäh.

Geruch – Geschmack: jung angenehm – mild.

Vorkommen: Juli bis November; häufig; auf Erde; gesellig bis büschelig im Laub und Nadelwald; Saprophyt.

Bemerkungen: essbar, solange das Fleisch fest ist.

Verwechslungen: Birnenstäubling (Seite 97), Igelstäubling (ungenießbar, Stacheln lang), junge Wulstlinge (Seite 65f.).

Wert: jung essbar, nicht jedem bekömmlich.

Jung essbar

Eine Familie – Stäublinge und Boviste

Die Stäublinge gehören zusammen mit den Bovisten in die Familie der Stäublingsarten. Sie unterscheiden sich dadurch, dass die Stäublinge einen Stiel besitzen, während die Boviste stiellos auf dem Boden sitzen. Der Flaschenstäubling ist der häufigste Vertreter der Stäublinge. Er ist ein stark keuliger Pilz, der mit stachelähnlichen Gebilden besetzt ist und sich zur Basis hin verjüngt.

Birnenstäubling

Besser stehen lassen – den Birnenstäubling.

Lycoperdon pyriforme

Sonstige deutsche Namen: keine

Fruchtkörper: jung cremeweiß-gelblich mit abwischbaren Körnchen, alt bräunlich; bei Reife am Scheitel öffnend; Form insgesamt umgekehrt birnenförmig; Kopfteil kugelig; Durchmesser bis drei Zentimeter.

Sporenfarbe: olivbraun.

Stiel: jung cremeweiß-gelblich; ohne Körnchen; Kopf und Stiel ineinander übergehend, zur Basis verjüngend.

Fleisch: jung weiß; fest; später gelblich; weich; im Kopfteil zu braunem Sporenstaub zerfallend; im Stiel zäh.

Geruch – Geschmack: leicht stechend nach Gas – mild.

Vorkommen: Juni bis November; büschelig auf Laub- und Nadelholz; sehr gern auf modrigen Strünken; Saprophyt.

Bemerkungen: oft als essbar beschrieben, aber höchst minderwertig. Bei Sporenreife bekommt der Pilz am Scheitel eine Öffnung, durch die die Sporen als Staubwolke entweichen können.

Verwechslungen: Flaschenstäubling (Seite 96).

Wert: ungenießbar.

Ungenießbar

Flaschenstäubling und Birnenstäubling

- Der Flaschenstäubling hat eine stachelige Oberfläche, ist vom Geruch neutral und wächst auf der Erde.
- Der Birnenstäubling hat im Gegensatz zum Flaschenstäubling einen unangenehmen Geruch und eine körnige, feinwarzige Oberfläche. Er wächst auf morschem Holz.

Eine ungewöhnliche Augenweide – der Riesenbovist.

Jung essbar

Riesenbovist

Langermannia gigantea

Sonstige deutsche Namen: keine

Fruchtkörper: jung weiß; fein samtig; kugelig; ohne Stiel; mit dickem Myzelstrang in der Erde verankert; alt bräunlich ocker; äußere Hülle feldrig aufreißend; Durchmesser bis 60 Zentimeter.

Sporenfarbe: olivbraun.

Fleisch: jung weiß; fest; später gelblich; weich; alt bräunlich ocker; porös; bei Wind oder Berührung entweichen Wolken von Sporenstaub.

Geruch – Geschmack: jung angenehm – mild.

Vorkommen: August bis Oktober; meist in Gruppen von jungen und älteren Fruchtkörpern auf Wiesen, in Gärten, Gebüschen, an Wegrändern; Saprophyt.

Bemerkungen: Die bröckelige Außenhülle sollte vor der Zubereitung entfernt werden. Das Fleisch der Stäublinge und Boviste zerfällt bei Reife zu Sporenpulver.

Verwechslungen: Bleiweißer Zwergbovist (giftig, auch jung nicht rein weiß), andere Boviste.

Wert: jung essbar, solange er im Geschmack eher neutral ist.

Sporenstaub als Wundpuder

Aufgrund seiner Größe ist der Riesenbovist auch für Anfänger kaum zu verwechseln! Die reife pulvrige Sporenmasse hat man früher in Waldgebieten als Babypuder verwendet. Auch wurden brandige Wunden damit geheilt. Der Riesenbovist ist als Speisepilz vom Geschmack her eher neutral. Besonders gut schmeckt er in Scheiben geschnitten und gebraten oder paniert.

Dickschaliger Kartoffelbovist

Klein, aber oho: der Dickschalige Kartoffelbovist ist giftig.

Scleroderma citrinum

Sonstige deutsche Namen: Gemeiner Kartoffelbovist

Fruchtkörper: gelblich bräunlich gefeldert; kugelig bis kartoffelförmig; mit dicker äußerer Schale; ohne Stiel; mit dickem Myzelstrang im Boden befestigt; bei Reife am Scheitel aufplatzend; Durchmesser bis zwölf Zentimeter.

Sporenfarbe: purpurgrau bis schwarz.

Fleisch: jung graugrün, später grau, alt schwarz; erst fest; dann zu Sporenstaub zerfallend.

Geruch – Geschmack: nach Tinte.

Vorkommen: Juli bis November; gern auf sauren Böden; im Laub- und Nadelwald; Saprophyt.

Bemerkungen: Der Kartoffelbovist ist wegen seiner Kartoffelform ein leicht kenntlicher Pilz; typisch ist das schwarze Sporenpulver, das in Wolken freigesetzt wird; er ruft bei Genuss Übelkeit und Schwindel hervor.

Verwechslungen: Dünnschaliger Kartoffelbovist (giftig, äußere Schale dünn, gestielt), jung mit anderen Bovisten (äußere Hülle weiß).

Wert: giftig.

Giftig

Vorsicht bei jungen Exemplaren

Sehr junge Kartoffelboviste können im Inneren sehr blass gefärbt sein. Damit besteht Verwechslungsgefahr mit vielen essbaren Bovisten oder Stäublingen! Ältere Exemplare sind im Schnitt an der dicken bräunlichen äußeren Schale und der grauschwarzen Sporenmasse zu erkennen. Der Verzehr größerer Mengen kann zu Ohnmachtsanfällen führen.

Trocken und ungenießbar – der Zunderschwamm.

Zunderschwamm

Fomes fomentarius

Sonstige deutsche Namen: Zunderpilz, Feuerschwamm, Wundschwamm

Fruchtkörper: konsolenförmig; Oberseite grau gezont; matt; sehr hart; mehrjährig; bis zu 40 Zentimeter breit.

Poren: englöchrig; dunkel bis rotbraun; an den Mündungen weißlich.

Fleisch: gelbbraun; watteartig.

Vorkommen: an Laubhölzern, meist an abgestorbenen Buchenstämmen.

Bemerkungen: Befällt gern alte Rotbuchen und bringt sie zum Absterben. Gewebe unter der harten Kruste brennt leicht und wurde daher früher zum Feuermachen verwendet.

Alter: Die Fruchtkörper können bis zu 30 Jahre alt werden. Die von außen sichtbare Bänderung kommt durch die Anlage neuer Röhrenschichten zustande, von denen man lange annahm, es handele sich wie bei Bäumen um den jährlichen Zuwachs, und das Alter ließe sich daran abzählen. Wie man inzwischen weiß, bilden sich bis zu drei Fruchtschichten pro Jahr aus, was die Altersbestimmung erschwert. Die Zuwachszone ist anfangs hell gefärbt und immer etwas breiter als die vorige Schicht, so dass die Breite nach unten zunimmt.

Röhren: Die Röhren sind senkrecht zur Erdoberfläche orientiert, weil sich der Fruchtkörper nach der Erdanziehungskraft richtet (Geotropismus).

Sporenreife: Die Sporenreife erfolgt vom Frühjahr bis zum Frühsommer. Der weiße Sporenstaub setzt sich auf den Fruchtkörpern und in deren Umgebung ab, die dann wie mit Mehl bestäubt aussieht.

Ungenießbar

Schmetterlingstramete

Trametes versicolor

Sonstige deutsche Namen: Schmetterlingsporling

Fruchtkörper: Wechselfarbig bunt, weiß, gelb, braun-grünlich bis schwärzlich in halbkreisförmigen Zeichnungen; Hüte tellerförmig; wachsen zum Teil dachziegelartig; Oberfläche mit vielen samtigen Zonen; bis zu acht Zentimetern breit.

Poren: weiß, später gelblich; eng.

Sporen: cremefarben.

Fleisch: unter der Huthaut weiß; ledrig, aber biegsam.

Geruch – Geschmack: unbedeutend – neutral.

Vorkommen: das ganze Jahr über; häufig; an toten berindeten und unberindeten Ästen und Strünken von Laubhölzern.

Bemerkungen: Saprophyt; Holz abbauende Pilzart.

Verwechslungen: Behaarte Tramete (Tramefes hirsuta; ist aber größer, die Oberfläche grob-haarig gezont).

Wert: ungenießbar; nicht giftig; wird häufig in der Floristik verwendet.

Getrocknet finden Sie die Schmetterlingstramete oft in Trockenblumensträußen und in Kränzen.

Ungenießbar

Bunte Hutverzierungen

Die Schmetterlingstramete hatte früher auch den lateinischen Namen »Coriolus versicolor« und gehört zur Familie der Korkporlinge. Sie ist an den bunten, seidig glänzenden Ringzeichnungen mit dem welligen Rand leicht zu erkennen. Manchmal sind Teile ihrer Oberfläche grün gefärbt, dann ist sie von Algen überzogen. Die Schmetterlingstramete verändert ihr Aussehen beim Trocknen kaum.

Sie sieht giftig aus und ist es auch – die Frühjahrslorchel.

Frühjahrslorchel

Gyromitra esculenta

Sonstige deutsche Namen: Frühlorchel, Stockmorchel, Laurich

Hut: rotbraun bis dunkelbraun; hirnartig, lappig gewunden (keine Kammerung!) mit Stiel verwachsen; bis acht Zentimeter breit.

Sporenfarbe: weiß.

Stiel: weißgrau; stark verbogen, manchmal äußerst schlecht ausgebildet; längsfaltig; innen hohl.

Fleisch: wachsartig weiß; fest; brüchig.

Geruch – Geschmack: angenehm, fast geruchlos – mild.

Vorkommen: März/April bis Mai; vorwiegend in Kiefernwäldern, an moderigen Holzstrünken.

Bemerkungen: wurde früher nach Abkochen als essbar deklariert. Besitzt aber einen Giftstoff, der kochbeständig ist und der unter Umständen eine dem Knollenblätterpilz ähnliche Vergiftung bewirkt. Das in den Lorcheln enthaltene Gyromitrin verflüchtigt sich zwar nach längerer Zeit. Trotzdem sollte man auf den Verzehr getrockneter Lorcheln verzichten.

Sehr giftig

Verwechslungen: Riesenlorchel (Maublancomyces gigas; vorwiegend in Bergfichtenwäldern, kaum von der Frühjahrslorchel zu unterscheiden, möglicherweise ebenfalls giftig), Speisemorchel (Seite 103).

Wert: sehr giftig, roh tödlich giftig.

Speisemorchel und Frühjahrslorchel

- Die Speisemorchel hat einen gekammerten Hut.
- Der Hut der giftigen Frühjahrslorchel ist hirnartig gefaltet, aber nicht gekammert.

Speisemorchel

Besonders schmackhaft – die Speisemorchel.

Morchella esculenta (M. deliciosa)

Sonstige deutsche Namen: Maimorchel, Rundmorchel, Maurich

Hut: hell ockergelb über honigfarben bis graubraun; länglich, stumpfkegelig, auch eiförmig oder rundlich; wabenähnlich, doch unregelmäßig gekammert mit starken Vertiefungen; sechs bis acht Zentimeter hoch; drei bis sechs Zentimeter breit; mit dem Stiel verwachsen.

Sporenfarbe: gelb, ockerfarben.

Stiel: blass weiß oder ockerfarben; wellig gefurcht; zur Basis hin leicht verdickt; bis neun Zentimeter lang, vier Zentimeter dick; hohl wie auch der Hut.

Fleisch: weiß, wachsähnlich; brüchig.

Geruch – Geschmack: angenehm würzig-mild.

Vorkommen: März/April bis Juni; an Bach- und Flussauen, Parkanlagen, gern bei Eschen und Ulmen, oft im Gras versteckt; auf feuchten, humusreichen Böden.

Bemerkungen: ist in Form und Farbe sehr variabel, daher werden unterschieden: die Dickfüßige Morchel (mit besonders dickem Fuß), die Spitzmorchel, die sich durch ihre spitzkegelige Hutform und die dunklere Farbe (kastanien- bis dunkel graubraun) unterscheidet, und die Rundmorchel, die einen kugeligen Hut hat.

Verwechslungen: Frühjahrslorchel (Seite 102).

Wert: guter Speisepilz; eignet sich zum Trocknen.

Sehr guter Speisepilz

Leicht erkennbar

Die Speisemorchel erkennt man leicht an der unregelmäßigen Kammerung auf dem hellen bis dunkelbraunen Hut und dem mehr oder weniger geraden Stiel

Die Blasse Koralle ist mittlerweile kaum mehr in der Natur zu finden.

Blasse Koralle

Ramaria pallida

Sonstige deutsche Namen: Bauchwehkoralle

Fruchtkörper: blass gelblich ocker; jung Spitzen lila überhaucht, im Alter oft dunkler und braunfleckig; Korallenform; zahlreiche Äste mit spitzen Enden entspringen alle einem Strunk; längs-runzelig; V-förmig dicht verzweigt; Höhe bis zwölf Zentimeter; Durchmesser bis 18 Zentimeter.

Sporenfarbe: blass gelblich.

Stiel: blass gelblich; Basis weißlich; kurz, sich in Äste aufteilend.

Fleisch: feucht; schmutzig weißlich; zerbrechlich.

Geruch – Geschmack: schwach seifig – bitter.

Vorkommen: August bis September; selten; Kalk liebend; im Laubwald bei Eiche und Buche, im Nadelwald bei Fichte; Saprophyt.

Bemerkungen: ruft bei Verzehr starke Darmstörungen hervor.

Verwechslungen: Krause Glucke (Seite 105), Dreifarbige Koralle (Ramaria formosa), Abgestutzte Koralle (Ramaria obtusissima; genießbar), andere kleinere Korallen.

Wert: schwach giftig.

Schwach giftig; stark gefährdet

Krause Glucke und Blasse Koralle

- Die Krause Glucke erinnert in ihrer Wuchsform an einen Badeschwamm oder Blumenkohl. Sie wächst vorwiegend am Fuß von Kiefern und Fichten.
- Die Blasse Koralle wächst dagegen korallenförmig mit zahlreichen V-förmig verzweigten Ästen, die einem gemeinsamen Strunk entspringen.

Krause Glucke

Die Krause Glucke eignet sich für fast alle Pilzgerichte.

Sparassis crispa

Sonstige deutsche Namen: Fette Henne, Bärentatze, Judenbart

Fruchtkörper: jung weißlich ocker; alt ockerbräunlich; dem Aussehen eines Badeschwamms sehr ähnlich; aufgebaut wie Blumenkohl, mit sich verzweigenden Ästen; Äste flach mit stumpfen Enden; Unterseite mit Fruchtschicht; Höhe bis 20 Zentimeter; Durchmesser bis 40 Zentimeter.

Sporenfarbe: weißlich.

Stiel: tief wurzelnd, sich über dem Boden verzweigend.

Fleisch: gelblich; etwas zäh.

Geruch – Geschmack: würzig – nussartig.

Vorkommen: August bis November; am Fuß alter Kiefern; andere Formen bei Tanne (S. brevipes) und Eiche; Wurzelparasit; Saprophyt.

Bemerkungen: Das Putzen der Krausen Glucke ist aufwändig, da zuerst kleine Tiere durch das Einweichen in Salzwasser entfernt werden sollten; um Nadeln und Sand zu beseitigen, muss der Fruchtkörper anschließend zerlegt werden.

Verwechslungen: Blasse Koralle (Seite 104), andere Korallen (meist ungenießbar oder giftig; kleiner; Äste mit spitzen Enden), Breitblättrige Glucke (zäh; Äste breiter; kaum verbogen).

Wert: essbar.

Essbar

Sonst nur bei Morcheln

Getrocknet kann man die Krause Glucke nach dem Einweichen wie den frischen Pilz verwenden.

Judasohr

Auricularia auricula-judae

Sonstige deutsche Namen: Wolkenohr, Muerr, Chinesische Morchel, Augenschwamm

Fruchtkörper: rotbraun bis schwärzlich; ohr- oder muschelförmig, lappig; außen feinsamtig, innen mit glänzender Fruchtschicht, von Leisten durchzogen; manchmal von hellgrauen Sporen bestäubt; bis zehn Zentimeter breit.

Stiel: kurz.

Fleisch: gallertartig; bis zwei Millimeter dick, dunkelbraun bis schwarz.

Nicht zu verwechseln – das Judasohr.

Geruch – Geschmack: keiner.

Vorkommen: vorwiegend von August bis März; gesellig; in der kalten Jahreszeit, auch nach Regenperioden; vor allem an abgestorbenen Holunderstämmen, auch an anderen entrindeten Laubhölzern (Ahorn und Ulme).

Bemerkungen: eignet sich hervorragend zum Trocknen.

Verwechslungen: keine.

Wert: essbar.

Essbar

Speisepilz und Wundermittel

Dieser Ohrlappenpilz ist in China und Japan sehr beliebt und wird dort mit großem Erfolg gezüchtet. Bei uns wird das Judasohr oft teuer als »Chinesische Morchel« verkauft, obwohl der Pilz nichts mit den Morcheln gemeinsam hat und in ganz Europa auf alten Holunderstämmen wächst. In früheren Zeiten wurde er frisch bei entzündeten und ermüdeten Augen aufgelegt. Er wird auch zur Stärkung der Gehirnfunktion angewendet und wirkt blutreinigend. Getrocknet findet sich das Judasohr in fast jedem chinesischen Essen.

Herbsttrompete

Craterellus cornucopioides

Sonstige deutsche Namen: Totentrompete, Füllhorn, Schwarzrecherl

In der Küche sehr begehrt – die Herbsttrompete.

Fruchtkörper: innen rußgrau, graubraun, schwarz bis schwarzbraun; außen aschgrau, blaugrau bis grauviolett; füllhornförmig mit tiefem Trichter; hohl; Rand nach außen wellig umgeschlagen, gekraust; Oberfläche feinflockig bis filzig. Außenseite von der glatten blaugrauen Fruchtschicht überzogen, die später längs runzelt.

Sporenfarbe: weiß.

Fleisch: graubraun bis schwärzlich; dünn; brüchig.

Geruch – Geschmack: angenehm aromatisch – mild.

Vorkommen: August bis November; im Laubwald, gern bei Buchen; büschelig; gesellig und einzeln.

Bemerkungen: ein Speisepilz, der getrocknet unübertrefflich im Aroma ist. Getrocknet und zerbröselt oder als Pulver ist er die beste Würze für Gerichte.

Verwechslungen: Grauer Leistling (Cantharellus cinereus, kommt häufig in der Nähe der Herbsttrompete vor); essbar.

Wert: ein sehr begehrter Speisepilz.

Sehr guter Speisepilz

Nicht zu verwechseln

Der Name »Totentrompete« spielt auf die düstere Farbe des Pilzes an. Die Herbsttrompete ist charakteristisch für Buchenwälder, in denen sie in manchen Jahren massenhaft auftritt, während sie in anderen vollkommen fehlt. Sie ist als Speisepilz begehrt und schmeckt sowohl getrocknet als auch frisch gebraten sehr delikat.

Speisepilztabelle

Speisepilz	Wert	Standort	Erntezeit	Doppelgänger
Austernseitling (Pleurotus ostreatus)	Jung guter Speisepilz; sehr festfleischig. Zerkleinern!	An Laubgehölzen und Baumstümpfen	Oktober – Dezember	Gelbstieliger Muschelseitling
Birkenpilz (Leccinum scabrum)	Jung ausgezeichneter Speisepilz. Stiele abschaben. Das Verfärben kann durch Zitronensaft verhindert werden.	Unter Birken	Juni – Oktober	Birken-Rotkappe
Birkenrotkappe (Leccinum testaceoscabrum/ L. versipelle)	Sehr guter Speisepilz	Oft unter Birken, auch unter anderen Laubbäumen, in der Heide	Juni – Oktober	Birkenpilz
Butterpilz (Suillus luteus)	Guter Speisepilz	Unter Kiefern, an Wegrändern	Juni – November	Goldröhrling
Edelreizker (Lactarius deliciosus)	Guter Speisepilz, besonders gebraten	Unter Kiefern	Juli – Oktober	Birkenreizker (schwach giftig)
Flaschenstäubling (Lycoperdon perlatum)	Jung essbar	Laub- und Nadelwald	Juli – November	Birnenstäubling
Flockenstieliger Hexenröhrling (Boletus erythropus)	Guter Speisepilz, roh giftig; nicht zum Trocknen geeignet	Laub- und Nadelwald	Mai – Oktober	Satanspilz (giftig)/Netzstieliger Hexenröhrling
Frauentäubling (Russula cyanoxantha)	Sehr guter Speisepilz; oft vermadet	Laub-, auch Nadelwald	Juni – Oktober	Verschiedene Täublinge (zum Teil giftig)

Speisepilztabelle

Speisepilz	Wert	Standort	Erntezeit	Doppelgänger
Goldröhrling (Suillus grevillei)	Guter Speisepilz	Gesellig bei Lärchen	Juni – Oktober	Butterpilz
Grasgrüner Täubling (Russula aeruginea)	Essbar, individuell unverträglich	Laub-, auch Nadelwald	Juli – Oktober	Grüner Knollenblätterpilz (tödlich giftig)
Grau- (Rauch-) blättriger Schwefelkopf (Hypholoma capnoides)	Guter Würzpilz, in Suppen, Saucen oder Brühe; nicht die Stiele verwenden; gut zum Trocknen	An Baumstümpfen, nur an Nadelholz	Januar – Dezember	Grünblättriger Schwefelkopf
Grüner Anistrichterling (Clitocybe odora)	Essbar; eigenwilliger Geschmack	Laub- und Nadelwald	August – November	Weiße Trichterlinge (zum Teil tödlich giftig)
Grünling (Tricholoma equestre/ T. flavovirens)	Speisepilz, aber geschützt und radioaktiv hoch belastet	Sandiger Kiefernwald	September – November	Schwefelritterling (schwach giftig)
Grünspanträuschling (Stropharia aeruginosa)	Essbar	Laub- und Nadelwald	August – Dezember	Grünling
Hallimasch (Armillaria mellea)	Roh giftig, daher vor dem Braten unbedingt etwa zehn Minuten abkochen; nur Hüte verwenden, Stiele sind zäh; guter Speisepilz	An Holzstümpfen, immer in Büscheln	September – Dezember	Sparriger Schüppling

Speisepilztabelle

Speisepilz	Wert	Standort	Erntezeit	Doppelgänger
Herbsttrompete (Craterellus cornucopioides)	Wertvoller Speise- und Aromapilz; hervorragend zum Trocknen	Laub- und Nadelwald	August – November	Hat keinen Doppelgänger
Horngrauer Rübling (Collybia butyracea var. asema)	Essbar; wenig ergiebig	Laub- und Nadelwald	Juli – November	Keulenfußtrichterling
Judasohr (Auricularia auricula-judae)	Speisepilz; eignet sich gut zum Trocknen	Vor allem auf alten Holunderstämmen, auch auf Nussbäumen, Weiden, Ulmen u. a.	August – März	Hat keinen Doppelgänger
Krause Glucke (Sparassis crispa)	Jung guter Speisepilz; Geruch stark aromatisch; zunächst abkochen, dann lässt auch der Geruch nach; mühsam zu säubern	Unter Kiefern oder an Kiefernstümpfen	August – November	Bauchwehkoralle oder Blasse Koralle (schwach giftig)
Maipilz (Calocybe gambosa)	Sehr guter Speisepilz mit intensivem, leicht süßlichem Geschmack	Wald- und Wegrand	April – Juni	Ziegelroter Risspilz (sehr giftig)
Maronenröhrling (Xerocomus badius)	Speisepilz, aber radioaktiv hoch belastet	Laub- und Nadelwald	Juni – November	Rotfußröhling
Milchbrätling (Lactarius volemus)	Speisepilz, vor allem zum Braten	Laub- und Nadelwald, nicht in der Ebene	Juli – Oktober	Rotbrauner Milchling

Speisepilztabelle

Speisepilz	Wert	Standort	Erntezeit	Doppelgänger
Nebelkappe (Lepista nebularis)	Tritt in großen Mengen auf, wird von manchen Menschen aber nicht vertragen; roh giftig, Kochwasser nicht verwenden, sondern wegschütten; schmeckt gut in Mischpilzgerichten	Laub-, auch Nadelwald	September – November	Riesenrötling (sehr giftig)
Parasolpilz (Macrolepiota procera)	Wohlschmeckender Speisepilz; der Hut kann im Ganzen paniert, gebraten werden; der Stiel unter dem Ring ist zäh	Wald- und Wegrand, auf Wiesen	Juli – Oktober	Safranschirmling
Perlpilz (Amanita rubescens)	Roh giftig; Huthaut abziehen; guter Speisepilz, leider aber oft vermadet und leicht verderblich	Laub- und Nadelwald	Juni – Oktober	Pantherpilz (giftig)
Pfifferling (Cantharellus cibarius)	Sehr geschätzter Speisepilz; gut zerkleinern, da schwer verdaulich; zum Einfrieren ungeeignet; zum Trocknen geeignet	Laub- und Nadelwald	Juni – November	Falscher Pfifferling

Speisepilztabelle

Speisepilz	Wert	Standort	Erntezeit	Doppelgänger
Riesenbovist (Langermannia gigantea)	Jung essbar; in Scheiben geschnitten braten	Wiesen und Wegränder	August – Oktober	Andere Boviste (zum Teil giftig)
Riesenporling (Meripilus giganteus)	Jung guter Speisepilz	An Laubholz	Juli – Oktober	Klapperschwamm
Rotbrauner Scheidenstreifling (Amanita fulva)	Essbar, wenig ergiebig	Laub- und Nadelwald	Juni – Oktober	Grüner Knollenblätterpilz (tödlich giftig)
Rotfußröhrling (Xerocomus chrysenteron)	Jung guter Speisepilz, radioaktiv belastet	Nadel- und Laubwald	Juni – November	Marone
Rotstieliger Ledertäubling (Russula olivacea)	Essbar; möglicherweise individuell unverträglich	Laubwald	Juni – Oktober	Speitäubling (giftig)
Safranschirmling (Macrolepiota rhacodes)	Speisepilz, nicht so gut wie der Parasol	Nadelwald	Juli – November	»Garten«-Safranschirmling (möglicherweise giftig)
Schafchampignon (Agaricus arvensis)	Sehr begehrter Speisepilz; enthält viel Kadmium; für alle Zubereitungsarten gut geeignet	Weg- und Waldränder	Juni – Oktober	Weißer Knollenblätterpilz (tödlich giftig)/Karbolegerling (giftig)
Schopftintling (Coprinus comatus)	Jung ein vorzüglicher Speisepilz; guter Suppenpilz; muss schnell verarbeitet werden, zerfließt sonst	Auf gedüngten, rasigen Plätzen; bei Laubabfall; in Gärten; auf Wiesen	August – Oktober	Faltentintling (in Verbindung mit Alkohol giftig)

Speisepilztabelle

Speisepilz	Wert	Standort	Erntezeit	Doppelgänger
Speisemorchel (Morchella esculenta/ M. deliciosa)	Ausgezeichneter Speisepilz, frisch wie getrocknet	In lichten Laubbeständen, Parkanlagen	Mai – Juni	Frühjahrslorchel (sehr giftig)
Steinpilz (Boletus edulis)	Ausgezeichneter Speisepilz; vielseitig verwendbar	Laub- und Nadelwald	Juli – Oktober (manche Arten schon ab Mai)	Gallenröhrling
Stinkmorchel als Hexenei (Phallus impudicus)	Als Hexenei essbar; rettichartiger Geschmack	Mischwälder und Parks, in Hexenringen	Juli – Oktober	Tintenfischpilz (Hexenei)
Stockschwämmchen (Kuehneromyces mutabilis)	Sehr guter Speisepilz, vorzüglich in Suppe und Sauce; Stiele nicht mit verwenden, da zu zäh; gut zum Trocknen und für Pilzpulver	Dachziegelig an Holzstümpfen	Mai – Dezember	Gifthäubling (tödlich giftig)/ Grünblättriger Schwefelkopf
Violetter Rötelritterling (Lepista nuda)	Guter Speisepilz, süßlicher Geschmack	Nadel- und Mischwald, Wiesen und Weiden	September – Dezember	Lila Lacktrichterling/Lila Dickfuß (giftig)
Waldchampignon (Agaricus silvaticus)	Sehr guter Speisepilz; für alle Zubereitungsarten gut geeignet	Wiesen- und Waldränder, Nadel- bzw. Fichtenwald	Juni – Oktober	Spitzschuppiger Schirmling (ungenießbar bis leicht giftig)
Wiesenchampignon (Agaricus campestris)	Sehr guter Speisepilz, auch roh genießbar; für alle Zubereitungsarten gut geeignet	Auf Weiden und Wiesen	Mai – November	Karbolchampignon (giftig)/ Weißer Knollenblätterpilz (tödlich giftig)

Die besten Pilzrezepte

Von Pfifferling bis Riesenporling, von Steinpilz bis Austernpilz, von Hexenröhrling bis Hallimasch – Pilzgerichte versprechen einen besonderen kulinarischen Genuss. Dabei ist es einerlei, ob man sie als würzige Beilage oder als Hauptgericht zubereitet.

Bei der Zusammenstellung der Rezepte konnten individuelle Unverträglichkeiten oder Allergien nicht berücksichtigt werden. Im Zweifelsfall sollten Sie zunächst nur wenig von einem Gericht probieren, um mögliche Folgeerscheinungen gering zu halten.

Delikatessen aus dem Wald

In der Zubereitung von Pilzmahlzeiten spielt es praktisch keine große Rolle, ob es sich um wild gewachsene oder um gezüchtete Pilze handelt. Hauptsache ist, Sie kennen die besondere Eigenart und Konsistenz der Pilzart und wissen, wie Sie ihr unverwechselbares Aroma besonders unterstützen können. Deshalb ist es in vielen Fällen ratsam, auf intensiv schmeckende Gewürze zu verzichten. Fest steht: Richtig zubereitet, sind selbst gesammelte frische und tadellos erhaltene Pilze Delikatessen, die aus einem einfachen Gericht ein Festmahl machen.

Pilze – ein nahrhaftes Naturprodukt

Als Naturprodukte können Pilze eine sinnvolle Ergänzung einer gesundheitsbewussten Ernährung sein. Vorausgesetzt, man weiß 100-prozentig, dass es sich um essbare Pilze handelt.
Und: Man sollte sich damit zufrieden geben, sie lediglich ein- bis zweimal in der Woche auf den Speiseplan zu setzen. Eines allerdings sollte man auf jeden Fall beachten: Wegen ihres hohen Chitingehalts sind Pilze relativ schwer verdaulich, weshalb die einzelnen Pilzmahlzeiten nicht allzu üppig ausfallen sollten.

Klassiker unter den Pilzgerichten: das Pilzomelett.

Geschnetzelter Riesenporling

Die zarten jungen Teile des Riesenporlings erinnern in Konsistenz und Geschmack an Kalbfleisch. Der Riesenporling beginnt schon während des Heimwegs, sich schwarz und unappetitlich zu verfärben. Er schwärzt auch Finger und Fingernägel stark ein, schmeckt aber so gut, dass man ihn unbedingt probieren sollte.

Wie wäre es einmal mit Riesenporlingen anstelle von Fleisch. Der Geschmack der Pilze lässt Sie den Verzicht sicher schnell vergessen.

Zutaten (für 4 Portionen): *ca. 800 g Riesenporlinge*
1 Zwiebel • 50 g Butter • 30 g Mehl • 1/8 l Weißwein
1/8 l süße Sahne • Salz, frisch gemahlener Pfeffer,
Petersilie

1 Riesenporlinge putzen, gründlich unter fließendem Wasser waschen und auf Küchenpapier einige Minuten abtropfen lassen.

2 In kleine Stückchen schneiden und diese in Wasser kurz aufkochen. Wasser abgießen, Pilze gut abtropfen lassen.

3 Die Zwiebel abziehen, klein würfeln und zusammen mit den Pilzen in einer Pfanne in heißer Butter anbraten. Mehl darüber stäuben, Wein und Sahne nachgießen. 10 Minuten garen.

4 Mit Salz, Pfeffer und Petersilie abschmecken. Dazu passen Spätzle.

Riesenporling aux Croûtons

Zutaten (für 4 Portionen): *800 g Riesenporlinge*
4 Scheiben Toastbrot • 1 EL Butter • 2 EL Öl
2 Zwiebeln • 1 TL Salz • frisch gemahlener Pfeffer

1 Riesenporlinge putzen, waschen und auf Küchenpapier abtropfen lassen.

2 Fein aufschneiden und in Wasser kurz aufkochen. Pilze abtropfen lassen.

3 Toastbrot fein würfeln und in der Butter braten.

4 Zwiebeln abziehen und fein würfeln. Öl erhitzen, die Zwiebeln darin glasig werden lassen.
5 Pilze dazugeben und bei hoher Temperatur etwa 10 Minuten unter Rühren schmoren, bis der Saft verdampft ist.
6 Das Pilzragout mit Salz und Pfeffer abschmecken.
7 Bei Tisch mit den Croûtons bestreuen und einen grünen Salat dazu reichen.

Steinpilzrisotto

Für das Putzen von Steinpilzen ist es ausreichend, wenn man nur den Schmutz abbürstet und Wurmlöcher oder Schneckenfraß sparsam ausschneidet. Anschließend brauchen sie nur noch ganz kurz gewaschen werden.

Damit Ihr Risotto auch wirklich italienisch schmeckt, verwenden Sie am besten Arborio- oder Carnarolireis.

Zutaten (für 4 Portionen): *300–400 g frische oder 30 g getrocknete Steinpilze • 1 Knoblauchzehe*
2 EL Olivenöl • 1 Zwiebel • 500 g Rundkornreis
Butter • ca. 1 l Brühe (bei Bedarf mehr) • Salz
geriebener Parmesankäse • gerebelter Salbei

1 Getrocknete Pilze in heißem Wasser 30 Minuten einweichen, auspressen und in Stücke schneiden.
2 Die frischen Pilze putzen, kurz waschen und anschließend in dünne Scheiben schneiden.
3 Knoblauch abziehen und mit den Pilzen zusammen in Öl gar dünsten.
4 Zwiebel abziehen, klein hacken und mit dem Rundkornreis in Butter glasig werden lassen.
5 Unter ständigem Rühren die heiße Brühe nach und nach dazugießen.
6 30 Minuten leicht kochen lassen, ab und zu umrühren.
7 Kurz bevor der Reis ganz gar ist, die warmen Pilze darunter mischen.
8 Mit Butter und Salz, Parmesan und Salbei kräftig abschmecken.

Spaghetti mit Flockenstieligen Hexenröhrlingen

Zutaten (für 4 Portionen): *250 g frische Hexenröhrlinge 1 kleine Dose geschälte Tomaten • 1 kleine Zwiebel 1 Knoblauchzehe • Olivenöl • 500 g Vollkornspaghetti Butter • 80 g geriebener Parmesan • Salz, frisch gemahlener Pfeffer*

1 Die Hexenröhrlinge putzen, waschen, trockentupfen und klein schneiden.

2 Zwiebel und Knoblauch abziehen, klein hacken und mit den Tomaten in Öl glasig andünsten.

3 Die Pilze zufügen und dünsten, bis sie gar sind; das dauert noch etwa 10 bis 15 Minuten.

4 Mit Salz und Pfeffer würzen.

5 Die Spaghetti so lange kochen, bis sie bissfest (al dente) sind.

6 Die Butter in einer Pfanne zergehen lassen, und die gegarten Spaghetti in der Pfanne mit dem Parmesan schnell vermischen. Mit der Pilzsauce servieren.

Vollkornspaghetti sind allerdings nicht jedermanns Geschmack. Falls Sie sie nicht mögen, können Sie natürlich auch ganz gewöhnliche Spaghetti verwenden.

Pfifferlingsquiche

Zutaten (für 4 Portionen): *800–1000 g Pfifferlinge 1 Päckchen tiefgekühlter Blätterteig • 1 Zwiebel 1 EL Butter • 2 EL gehackte Petersilie • etwas Thymian 1 Becher süße Sahne • 3 Eigelbe • Muskatnuss • Salz, frisch gemahlener Pfeffer • 100 g Emmentaler*

1 Zuerst den Backofen auf 200 °C vorheizen.

2 Die Pfifferlinge putzen, waschen und trockentupfen.

3 Den Blätterteig in einer Springform 10 Minuten vorbacken.

4 Die Zwiebel abziehen und fein hacken.

5 In einer Pfanne in heißer Butter die Zwiebel glasig werden lassen, die Pfifferlinge zufügen und alles etwa 10 Minuten dünsten.

6 Petersilie und Thymian darunter mischen und diese Masse auf dem vorgebackenen Blätterteig verteilen.
7 Sahne und Eigelbe verrühren, mit Salz, Pfeffer und Muskatnuss würzen und über die Pilze gießen.
8 Den Emmentaler in kleine Stückchen schneiden und damit die Quiche belegen. Im Backofen bei 200 °C 20 bis 25 Minuten backen.

Gedünstete Pfifferlinge

Zutaten (für 4 Portionen): *800 g Pfifferlinge • 1 Zwiebel 1 EL Butter • Salz, Pfeffer • 1/8 l Rotwein • 1 EL Mehl 2 EL saure Sahne*
1 Pfifferlinge putzen, waschen, trockentupfen und zerkleinern.
2 Die Zwiebel abziehen und fein hacken.
3 In einer Pfanne die Butter erhitzen, die Zwiebeln darin glasig werden lassen und die Pfifferlinge beifügen.
4 Mit Salz und Pfeffer würzen und den Rotwein dazugeben. Alles etwa 10 Minuten lang dünsten.
5 Das Mehl mit der Sahne anrühren, den Pilzen zufügen und nochmals aufkochen lassen. Dazu schmecken Semmelknödel oder Kartoffelkroketten und grüner Salat.

Ideal, wenn Gäste kommen: Pfifferlinge mit Rührei sind schnell zubereitet und edel im Geschmack.

VARIANTE Versuchen Sie doch einmal Pfifferlinge mit Rührei. Die Zutaten sind die gleichen wie bei dem oben stehenden Rezept, nur ohne Rotwein, Mehl und saure Sahne. Dafür kommen 1 Tasse süße Sahne und fein gehackte Petersilie dazu. Dünsten Sie die Pfifferlinge wie oben beschrieben, verfeinern Sie sie mit Sahne, und bestreuen Sie sie mit der Petersilie. Anschließend bereiten Sie das Rührei, in Butter gebraten, zu. Auf einer Platte werden Pilze und Rührei nebeneinander angerichtet. Dazu können Sie frisches Baguette oder frisch getoastetes Weißbrot servieren.

Eierpfannkuchen mit Perlpilzen

Zutaten (für 4 Pfannkuchen): *600–800 g Perlpilze • 150 g Weizenvollkornmehl • 1/4 l Milch • 2 Eier • Salz • Butter zum Backen*

1 Pilze putzen, Hut abziehen, waschen, trockentupfen und zerkleinern.

2 In siedendem Wasser etwa 7 Minuten abkochen. Wasser abgießen.

3 Aus Mehl, Milch, Eiern und Salz einen Pfannkuchenteig rühren.

4 In der Pfanne Butter aufschäumen lassen.

5 1/4 der Perlpilze darin 10 Minuten braten und mit 1/4 des Pfannkuchenteigs begießen.

6 Wenn der Rand leicht bräunt, wenden und goldbraun backen. So noch 3 weitere Pfannkuchen herstellen.

Zu den Eierpfannkuchen können Sie einen bunten Salat aus grünem Salat, Tomaten und Gurken servieren – eine leichte Mahlzeit an heißen Tagen.

Hallimaschgulasch

Zutaten (für 4 Portionen): *1 kg frische Hallimasch • je 1 grüne und rote Paprikaschote • 3 Zwiebeln • 3 mittelgroße Tomaten • Margarine zum Anbraten • 3 TL Paprikapulver, edelsüß • Salz, frisch gemahlener Pfeffer • Thymian • 1 Becher saure Sahne • 1 Becher süße Sahne • 1 TL Speisestärke*

1 Pilze putzen, in große Stücke schneiden, blanchieren und abtropfen lassen.

2 Paprika waschen, putzen, Zwiebeln abziehen und beides klein würfeln. Tomaten einschneiden, überbrühen und abziehen.

3 Zwiebeln und Paprika anbraten, Pilze zufügen und kurz dünsten.

4 Gewürze und Sahne zugeben. Nach etwa 10 Minuten die Speisestärke mit etwas kaltem Wasser anrühren und beifügen. Noch weitere 5 Minuten unter Rühren garen.

Gegrillte Maipilzhüte

Zutaten (für 4 Portionen): *4 Maipilzhüte • Zitronensaft zum Bestreichen • 2 Knoblauchzehen • Öl zum Marinieren • Salz, frisch gemahlener Pfeffer*
2 EL frisch gehackte Petersilie • etwas Butter

1 Die Maipilze putzen, waschen, trockentupfen und die Stiele abschneiden. Die Pilzhüte mit dem Zitronensaft bestreichen.

2 Knoblauch abziehen, 1 Zehe in eine Schüssel pressen. Aus Öl, Salz, Pfeffer und Knoblauchsaft eine Marinade machen.

3 Die Pilze darin 20, maximal 25 Minuten marinieren. Das Ganze immer wieder wenden.

4 Die Pilze auf den heißen Grillrost legen und bei niedriger Temperatur langsam grillen.

5 Petersilie und Knoblauch fein hacken und mit weicher Butter zu einer Paste vermischen. Die Knoblauch-Petersilien-Paste wird auf die noch heißen Pilzhüte gestrichen.

Vielleicht finden Sie bei Ihrer Pilzsuche auch Waldmeister. So haben Sie gleich etwas, um eine fruchtige Maibowle anzusetzen.

Pilzpastetchen

Zutaten (für 4 Portionen): *400 g Violette Rötelritterlinge (oder Maipilze) • 1 kleine Zwiebel • etwas Butter zum Braten • 4 fertige Blätterteigpasteten • 1 Becher süße Sahne • Salz, frisch gemahlener Pfeffer • Curry*

1 Pilze putzen, waschen, trockentupfen und in kleine Stücke schneiden.

2 Zwiebel abziehen und fein hacken. In einer Pfanne die Butter aufschäumen lassen.

3 Zwiebel darin glasig andünsten, dann die Pilze beifügen und einige Minuten braten.

4 Mit Salz und Pfeffer würzen. Dann mit Sahne aufgießen und mit Curry abschmecken.

5 Die Sahne einkochen lassen, bis die Mischung dicklich geworden ist. Ab und zu rühren.

6 Blätterteigpasteten nach Vorschrift aufbacken und mit dem Pilzragout füllen.

Hinweis Der Violette Rötelritterling hat einen recht eigenwilligen, süßlichen Geschmack. Sollten Sie das nicht mögen, so können Sie die Pilze abkochen, dadurch lässt sich der Geschmack abmildern.

Austernpilz-Kartoffel-Gratin

Zutaten (für 3 Portionen): *500 g Kartoffeln*
300 g Austernseitlinge • 300 g Zucchini • Öl • Salz, Pfeffer • 100 g geriebener Emmentaler oder Gruyère
200 g süße Sahne • 2 Eigelbe • Muskat

Austernpilze passen außerdem ganz ausgezeichnet zu Reis, Nudeln, Eiern, Tofu, Geflügel und Meeresfrüchten.

1 Kartoffeln waschen, schälen, in dünne Scheiben schneiden und 2 Minuten in sprudelnd kochendes Wasser geben.

2 Austernseitlinge putzen, waschen und zerkleinern; Zucchini waschen, putzen und in dünne Scheiben schneiden.

3 Die Austernseitlinge 10 Minuten in wenig Öl braten, nach 5 Minuten die Zucchinischeiben zugeben, mit Salz und Pfeffer würzen.

4 Den Backofen auf 175 °C vorheizen. In eine gefettete Auflaufform dachziegelartig die Hälfte der Kartoffelscheiben legen, mit der Austernpilz-Zucchini-Mischung bedecken, etwas vom Käse darüber streuen.

5 Mit einer zweiten Schicht Kartoffelscheiben abschließen und mit dem restlichen Käse bestreuen.

6 Sahne und Eigelbe verquirlen, mit Pfeffer und Muskat abschmecken und vorsichtig über die Gratinmischung gießen.

7 Im Backofen bei 175 °C noch 50 bis 60 Minuten backen.

Austernpilzterrine

Zutaten (für 4–6 Portionen): *700 g Austernseitlinge • 2 Knoblauchzehen • Butter • 2 Eier • 2 Scheiben Toastbrot • 1 Becher Crème fraîche • 3 EL gehackte gemischte Kräuter • Salz, frisch gemahlener Pfeffer*

1 Pilze putzen, waschen, klein schneiden, salzen und pfeffern.

2 Knoblauch abziehen, auspressen und den Saft über die Pilze geben.

3 In einer Pfanne mit heißer Butter die Knoblauchpilze anbraten. Etwas abkühlen lassen.

4 Den Backofen auf 170 °C vorheizen.

5 Pilze, Eier, Toastbrot, Crème fraîche und die Kräuter in den Mixer geben und pürieren. Gut mit Salz und Pfeffer würzen.

6 Die Masse in eine gefettete Terrinenform geben oder in eine Kastenform, die mit Alufolie abgedeckt wird.

7 Die Pilzterrine ins Wasserbad stellen und eine gute Stunde bei 170 °C im Backofen garen.

Zu dieser Terrine schmeckt ein gut gekühltes Bier oder ein kräftiger Wein ganz hervorragend.

Austernpilzgratin: ein ausgefallenes Gericht – ohne großen Aufwand.

Begriffserklärungen

Hutoberseite

Bereift Durch nicht abwischbaren Filz weißlich scheinend.

Buckel Hutmittel erhöht.

Dachziegelig Mehrere Hüte wie Dachziegel sich überlappend, die unteren oft von Sporenpulver der oberen Hüte bestäubt.

Feldrig Entstehung von kleinen Feldern durch Längs- und Querrisse der Huthaut.

Feinfilzig Oberfläche wie Wildleder.

Flocken Reste der aufreißenden Hülle, die auf der Huthaut verbleiben und abwischbar sind.

Gezont Kreisförmig angeordnete unterschiedliche Farbtöne.

Glatt Ohne weitere Strukturen.

Hülle Teilhülle (Velum partiale): ist als Haut vom Hutrand zur Stielspitze gespannt. Während des Wachstums breitet sich der Hut aus, und die Teilhülle reißt. Reste davon bleiben am Hutrand hängen, vor allem aber als Ring im oberen Drittel um den Stiel herum, oder sie erscheinen als fasrige Ringzone am Stiel. Hängt der Hautrest am Stiel von oben nach unten, spricht man von einer Manschette. Ist sie gerieft, so hat sich die Form der Lamellen auf ihr abgedrückt. Die Teilhülle kann auch aus einer Schleimschicht bestehen, die in diesem Fall als Schleimwulst um den Stiel sitzt.

Gesamthülle (Velum universale): ist als Haut von der Stielbasis über den Hut gespannt (einem Ei ähnlich) und reißt beim Wachstum auf. Hüllreste befinden sich auf dem Hut und an der Basis als Scheide, in verschiedenen Formen wie »gerandet«, »Kindersöckchen«, »Warzengürtel« u. a. Die Art, wie die Hüllreste an der Stielbasis angewachsen sind, stellt ein wichtiges Erkennungsmerkmal zur Unterscheidung verschiedener Pilzarten dar.

Huthaut Schicht über dem Hutfleisch, die auch für die Farbe des Huts verantwortlich ist.

Abziehbar Vom Rand zur Mitte hin zu entfernen.

Hygrophan Farbänderungen z. B. des Huts durch Wasseraufnahme oder -abgabe (Eintrocknen).

Matt Nicht glänzend.

Nabel Vertiefung in der Hutmitte.

Radial einreißend Vom Rand zur Hutmitte hin sich aufspaltend.

Radialfaserig Mit faserigen Einlagerungen, die sich strahlenförmig von der Hutmitte zum Rand ziehen.

Rand gerieft Mit kammförmigen Rippen oder durchscheinenden Lamellen.
Samtig Oberfläche wie Samt aussehend.
Scheitel Hutmitte.
Schuppig Mit abstehenden, meist nicht abwischbaren Strukturen.
Trichterförmig Hut hat die Form eines Trichters.
Velum *siehe* Hülle.

Hutunterseite

Fruchtschicht (Hymenium) Ort der Sporenbildung, bei Hutpilzen an der Hutunterseite, die je nach Gruppenzugehörigkeit der Art gestaltet ist.
Lamellen Eine Form der Fruchtschicht, papierdünne Blätter.
Leisten Form der Fruchtschicht, dicke, kurze lamellenartige und oft gabelig verzweigte Leisten.
Mündungen Öffnungen der Poren und Röhren.
Poren Harte, meist nicht ablösbare Fruchtschicht der Porlinge.
Röhren Schwammige, ablösbare röhrenförmige Fruchtschicht der Röhrlinge.
Schleier Spinnwebartiges Gebilde, das zum Schutz der jungen Lamellen bei manchen Arten vom Stiel zum Hutrand verläuft und später nur noch die so genannte Ringzone hinterlässt; entspricht dem Velum partiale.

Stiel

Basis Unteres Ende, das meist im Substrat verborgen ist.
Aufgeblasen Dicker als der übrige Stiel, meist hohl.
Filzig Durch abstehende kurze Myzelfäden filzig aussehend.
Brüchig Spaltet nicht auf wie Spargel, es lassen sich Stücke herausbrechen, typisch für Täublinge und Milchlinge, wird aber auch bei starkem Madenbefall anderer Arten vorgetäuscht.
Genattert Schlangenhautähnliches Zickzackmuster, das durch Streckung des Stiels entsteht.
Knolle Zwiebelförmige Erweiterung der Stielbasis.
Längsfaserig Aufspaltbar wie Spargel oder Rhabarber.
Myzelstrang Dickes wurzelartiges Gebilde, das Fruchtkörper und Substrat, z. B. Holz, verbindet.
Netz Netzartige Struktur auf der Oberfläche.
Ring (Manschette) Häutiges Gebilde mancher Pilzarten, das bei jungen Pilzen zum Schutz der Lamellen Stiel und Hutrand verbindet.

Flüchtig Stiel jung mit Ring, der bei älteren Exemplaren häufig fehlt.

Gerieft Mit kammartigen Linien, z. B. beim Perlpilz.

Ringzone Der Bereich, in dem Ring oder Schleier am Stiel saßen, von denen aber nur noch Reste sichtbar sind, und das meist nur, weil sich Sporen darauf abgelagert haben.

Scheide Häutiger Rest der Schutzhülle an der Basis.

Schuppen Abstehende Strukturen, z. B. beim Birkenpilz.

Spitze Oberer Teil direkt unter dem Hut.

Verschiebbar Ring nicht fest mit dem Stiel verwachsen, lässt sich deshalb am Stiel verschieben.

Sonstige Begriffe

Bitterstoffe Mit Hilfe der Geschmacksknopsen auf der Zunge kann der Mensch vier Qualitäten unterscheiden: süß, sauer, salzig und bitter. Aus physiologischen Gründen sind nicht alle Personen in der Lage, Bitterstoffe zu schmecken. Darüber muss vor einer Geschmacksbeurteilung unbedingt Klarheit bestehen, andernfalls kann es zu Vergiftungen kommen.

Fruchtkörper Aus Hyphenfäden aufgebaute Gestalt zur Sporenproduktion und -verbreitung, umgangssprachlich als Pilz bezeichnet.

Fruktifikation Ausbildung eines Fruchtkörpers.

Hyphen Pilzzellen, aus denen Myzel und Fruchtkörper aufgebaut sind.

Myzel Der eigentliche Pilz, Hyphengeflecht im Substrat.

Mycetismus, Myzetismus Medizinischer Begriff für Pilzvergiftung.

Mykorrhizapilz Pilz, der nur in Symbiose mit höheren Pflanzen, meist Bäumen, leben kann.

Mykose Bei Menschen und Tieren durch Pilze hervorgerufene Infektionskrankheiten.

Mykotoxine Pilzgifte.

Parasit Lebewesen, das auf einem anderen Lebewesen gedeiht und dies schädigt.

Rote Liste Eine Aufstellung der gefährdeten Großpilze in Deutschland; von der Deutschen Gesellschaft für Mykologie und dem Naturschutzbund Deutschland e.V. (1992).

Saprophyt Pilz, der von totem organischem Material lebt.

Trama Hyphengeflecht, das das Fleisch der Fruchtkörper bildet.

Über die Autorinnen

Gina Wolters studierte Biologie und ist in der Erwachsenenbildung tätig. Ihre Schwerpunkte dabei sind Natur und Umwelt.

Birgit Stobbe ist Soziologin und Buchhändlerin. Sie schreibt Kurzgeschichten und Romane und ist passionierte Pilzsammlerin.

Literatur

Garnweidner, Edmund: Pilze. Bestimmen, kennenlernen, sammeln. Gräfe und Unzer Verlag. München 1992

Flück, Markus: Welcher Pilz ist das? Franckh-Kosmos Verlag. Stuttgart 1995

Wolters, Gina/Stobbe, Birgit: Pilze – das Praxisbuch. Ludwig Verlag. München 1997

Hinweis

Das vorliegende Buch ist sorgfältig erarbeitet worden. Dennoch erfolgen alle Angaben ohne Gewähr. Weder Autorinnen noch Verlag können für eventuelle Nachteile oder Schäden, die aus den im Buch gemachten praktischen Hinweisen resultieren, eine Haftung übernehmen.

Bildnachweis

Alle Bilder stammen von: Edmund Garnweidner (Fürstenfeldbruck), außer:
Bilderberg, Hamburg: 1 (Hans Madej), 36 (N. N.); Botanik Bildarchiv Laux, Biberach a. d. Riß: 4, 7, 13, 18, 23, 34, 39, 114; Südwest Verlag, München: Titel (Olaf Posselt/Ute Schoenenburg); Tony Stone, München: 16 (Wilfried Krecichwost), 30 (Steven Rothfeld), Wolters Gina, Hamburg: 80

Impressum

Redaktion:
Dr. Nicole Schaenzler
Projektleitung:
Dr. Alex Klubertanz
Redaktionsleitung und medizinische Fachberatung:
Dr. med. Christiane Lentz
Bildredaktion:
Ute Schoenenburg
Produktion:
Manfred Metzger
Umschlag:
Heinz Kraxenberger, München
Layout:
Wolfgang Lehner
DTP:
Matthias Liesendahl

Printed in Italy
Gedruckt auf chlor- und säurearmem Papier

ISBN 3-517-08076-4

Sachregister

Pilzeregister

Rezepteregister